QU'EST-CE QUE L'ÉCOLOGIE ?

COMITÉ ÉDITORIAL

CHEMINS PHILOSOPHIQUES

Collection dirigée par Roger POUIVET

Hicham-Stéphane AFEISSA

QU'EST-CE QUE L'ÉCOLOGIE ?

Paris
LIBRAIRIE PHILOSOPHIQUE J. VRIN
6, place de la Sorbonne, V^e
2009

B. LATOUR, *Politiques de la nature. Comment faire entrer les sciences en démocratie*, chapitre 1, p. 50-53
© Paris, La Découverte, 1999

B.G. NORTON, « Values in Nature : A Pluralistic Approach », in *Contemporary Debates in Applied Ethics*, Andrew I. Cohen and Christopher H. Wellman (eds.), p. 306-308
© Oxford, Blackwell, 2005

© *Librairie Philosophique J. VRIN,* 2009

Imprimé en France
ISSN 1762-7184
ISBN 978-2-7116-2215-3

www.vrin.fr

QU'EST-CE QUE L'ÉCOLOGIE ?

INTRODUCTION

Il n'est pas sûr que l'écologie soit l'une des plus anciennes préoccupations humaines. Le terme lui-même est un néologisme mis en circulation par Ernst Haeckel en 1866 pour désigner la science qui étudie les interactions entre les organismes, les communautés biotiques et leur environnement. Le mouvement politique et social qui porte le même nom ne prendra tout son essor à l'échelle mondiale qu'au début des années 1970 – même s'il est vrai qu'il existe des associations et des individus sensibles à la nécessité de protéger la nature en ses multiples composantes (de la forêt aux animaux et plantes sauvages, en passant par les sols et l'air que nous respirons) depuis au moins le XIXe siècle. Quant à la promotion de la nature ou de l'environnement au rang d'objet de réflexion philosophique à part entière, elle a pris un tour à ce point original à notre époque que l'on peut bien dire qu'elle n'a pas vraiment d'antécédent dans l'histoire des idées [1].

_____

1. Sur l'histoire de l'écologie comme science, voir notamment : R. Dajoz, « Éléments pour une histoire de l'écologie. La naissance de l'écologie moderne

Une réflexion portant sur la place de l'homme au sein de la nature n'a certes jamais été absente de la tradition philosophique, et il serait aisé de montrer, textes en main, qu'elle s'est même toujours accompagnée du souci de donner un sens et une fonction à l'existence humaine. Mais il est remarquable que, quelle que soit la façon dont l'homme se comporte au sein de son environnement naturel et la manière dont il y vit, quels que puissent être les dommages qu'il lui fait subir et ceux qu'elle est susceptible de lui infliger à son tour sous la forme de raz-de-marée, de tremblements de terre ou de tornades, le retour à une situation d'équilibre a toujours été pensé comme définissant la norme du rapport à la nature. Ce n'est que dans le cadre des communautés politiques que forment les hommes

au XIXe siècle », *Histoire et nature*, 1984, n° 24-25, p. 5-111, D. Worster, *Les pionniers de l'écologie. Une histoire des idées écologiques* (1977), trad. fr. J.-P. Denis, Paris, Le Sang de la Terre, 1992, P. Acot, *Histoire de l'écologie*, Paris, PUF, 1988 et J.-M. Drouin, *L'écologie et son histoire. Réinventer la nature*, Paris, Flammarion, 1993 ; sur l'histoire de l'environnementalisme, d'un point de vue sociologique et politique, voir D. Pepper, *The Roots of Modern Environmentalism*, London-Sydney, Croom Helm, 1984, et la thèse de J. Bardes, *La sensibilité écologique. De la révolte romantique à la crise écologique*, Institut d'études politiques de Paris, 2007. La définition que nous donnons de l'écologie comme science n'est pas encore celle que propose Haeckel, pour lequel elle est « la science des relations d'un organisme avec le monde environnant ». L'invention du mot d'« écologie » attribuée à cet auteur a été contestée par certains chercheurs, qui ont trouvé dans les manuscrits de Thoreau le même terme à peu près au même moment. On trouvera dans l'article de G. Canguilhem « L'intérêt de l'écologie. La technique ou la vie » (1974), repris dans F. Dagognet, *Considérations sur l'idée de nature*, p. 183-191, Paris, Vrin, 1990, une réflexion très intéressante sur ce qui a pu conduire une recherche scientifique interdisciplinaire à alimenter « une certaine sorte de discours idéologique sur la *Nature* », et sur les embarras philosophiques que crée cette situation.

que l'existence en commun a été expressément pensée sous l'hypothèse de la possibilité permanente d'une rupture d'équilibre proprement catastrophique, débouchant sur la guerre de tous contre tous. Alors que la nature, quoi qu'il advienne, est censée pouvoir retrouver ses droits d'elle-même, l'institution de règles de droit a très tôt été jugée nécessaire pour établir les conditions d'une paix durable entre les hommes.

Il semble que le théâtre des opérations se soit singulièrement élargi de nos jours, et que nul ne puisse plus ignorer que le monde lui-même a toujours été en tiers dans tous nos combats, pour ainsi dire aux premières loges, si près de la scène où le drame se joue que, depuis peu, elle a même commencé à nous rendre coup pour coup[1].

La nouveauté de la situation à laquelle nous sommes confrontés ne tient pas seulement ni fondamentalement au fait que les interventions humaines dans la nature sont devenues de plus en plus massives et de plus en plus concentrées dans le temps, au point de menacer d'interrompre des cycles naturels et de nous conduire à des seuils d'irréversibilité – dangers auxquels il serait assez facile de se soustraire à la condition que les politiques environnementales se fixent expressément pour objectif d'analyser et de critiquer les principes d'action qui

---

1. Nous empruntons à Michel Serres l'expression de «théâtre des opérations», laquelle ne prend tout son sens que replacée au sein de l'œuvre que celui-ci développe depuis maintenant deux décennies dans une série d'ouvrages remarquables à laquelle la publication de *La guerre mondiale*, Paris Le Pommier, 2008, vient tout juste d'apporter une forme, sinon d'achèvement, du moins de complétude, en refermant sur elle-même la trilogie ouverte par *Le Contrat naturel*, Paris, F. Bourin, 1990, et prolongée par *Le Mal-propre*, Paris, Le Pommier, 2008. Voir le compte-rendu que nous proposons de ses travaux, «Faire la paix avec le monde?», *Nonfiction. Le magazine des livres et des idées*, hiver 2008-2009, n° 1, p. 64-65.

portent en eux le risque d'une rupture d'équilibre, puis de prescrire de nouvelles règles de conduite conformes aux leçons de la science écologique. Elle tient bien plutôt au fait qu'il n'est désormais plus possible de distinguer entre l'ordre des actions humaines et celui des forces naturelles, non pas parce que les modalités selon lesquelles les hommes organisent l'action en commun déterminent leur degré d'exposition aux cataclysmes naturels, selon le schéma d'analyse que Rousseau a développé pour comprendre le désastre de Lisbonne[1], mais parce que les forces naturelles démesurées qui nous font face aujourd'hui ne sont rien d'autre que *nos propres produits*. Le trou dans la couche d'ozone, la fonte de la calotte polaire ou le réchauffement climatique, qui constituent les manifestations les plus visibles de ces perturbations d'un genre inédit, ne sont à proprement parler ni des choses naturelles ni des constructions sociales, mais d'une certaine manière les deux à la fois, puisque leur mode d'existence ressortit simultanément à l'ontologie de l'agir humain et à celle des processus naturels qui échappent à tout contrôle humain.

C'est donc non seulement notre rapport à la nature qui, pour la première fois dans l'histoire des idées, demande à être pensé *sous régime de crise*, mais c'est encore, et de manière indissociable, *la nature même de la crise* qui exige d'être pensée à nouveaux frais. Günther Anders a su s'acquitter de l'une et l'autre tâches avec une impressionnante clairvoyance dès la fin des années 1950 :

---

1. J.-J. Rousseau, *Lettre à Voltaire* du 18 juin 1759, dans *Œuvres complètes*, t. 4, « Bibliothèque de la Pléiade », Paris, Gallimard, 1990, p. 1059-1075.

Nous faisons aujourd'hui face à nos propres produits – et je formule par là le caractère révolutionnaire de notre statut technique désormais acquis –, exactement comme hier nous faisions face aux forces de la nature, ces forces naturelles démesurées qu'il nous avait tout d'abord fallu domestiquer avant de pouvoir les utiliser. Alors que, jusqu'à hier encore, les appareils et les installations créés par nous-mêmes avaient représenté les instruments de domestication des forces de la nature, les forces de nos propres produits ont maintenant atteint une telle démesure que nous sommes contraints de les domestiquer *eux*.

Et Gunther Anders de poursuivre en faisant remarquer que la différence entre hier et aujourd'hui est en fait plus grande encore, dans la mesure où il ne s'agit plus, en domestiquant la nature, d'agrandir ou d'accroître notre culture, mais de « garantir la continuité de la *nature* », à savoir : « de notre pure et simple survie »[1].

L'un des points les plus remarquables de ce texte étonnant à tous égards tient à ce qu'il n'y est nullement question des périls écologiques, mais bien de la menace atomique – sans

---

1. G. Anders, *L'homme sur le pont* (1958), trad. fr. D. Trierweiler, dans *Hiroshima est partout*, Paris, Seuil, 2008, p. 152. Il va sans dire que notre référence à Anders, et la façon dont nous lisons cet auteur à la lumière d'une autre catastrophe que celle dont il parle, doivent beaucoup aux travaux de J.-P. Dupuy. Voir notamment de ce dernier *Pour un catastrophisme éclairé*, Paris, Seuil, 2002. Les livres de K. Erikson, *A New Species of Trouble. The Human Experience of Modern Disasters*, New York, Norton & Cie, 1994, de M. Davis, *Ecology of Fear. Los Angeles and the Imagination of Disaster*, New York, Vintage Book, 1998, de Ch. Godin, *La fin de l'humanité*, Seyssel, Champ Vallon, 2003, et de P. van Wyck, *Signs of Danger. Waste, Trauma, and Nuclear Threat*, Minnesota, University of Minnesota Press, 2005, nous ont également été utiles.

qu'il nous faille pour autant, nous qui le lisons à la lumière de la crise environnementale, changer quoi que ce soit à sa formulation pour en apprécier toute la pertinence.

Que peut bien être en son essence la crise à laquelle nous sommes confrontés pour se laisser penser indifféremment dans les termes de l'apocalypse nucléaire et dans ceux de la catastrophe écologique ? Cette manière de poser les problèmes environnementaux n'exerce-t-elle aucune contrainte sur les propositions qui vont être avancées pour sortir de la crise ? Peut-on traiter des problèmes différents (la menace atomique, les périls écologiques) à l'intérieur d'un même cadre d'analyse ? Et s'il est nécessaire d'apporter des modifications à ce cadre de réflexion, quelle autre méthode de problématisation conviendrait-il alors de privilégier ? L'une et l'autre voies d'approche pourraient-elles se révéler compatibles, et si oui à quelles conditions ?

L'essai que l'on va lire entreprend de répondre à ces questions. Son objectif est double : présenter la pensée écologique contemporaine dans la diversité de ses composantes et de ses problématiques, et tenter de construire un espace commun d'interlocution au sein duquel les penseurs de l'écologie continentaux et les éthiciens de l'environnement anglo-américains pourront dialoguer les uns avec les autres. S'il est vrai que le questionnement développé en éthique environnementale n'est plus aujourd'hui aussi méconnu en France qu'il a pu l'être par le passé [1], force est de constater que l'accueil

---

1. Le mérite en revient incontestablement à C. et R. Larrère, pionniers de ce genre d'études dans notre pays. Voir notamment de C. Larrère, *Les philosophies de l'environnement*, Paris, PUF, 1997. Voir aussi l'anthologie des textes clés d'éthique environnementale que nous avons proposée, *Éthique de l'environnement. Nature, valeur, respect*, Paris, Vrin, 2007. Nous devons

assez réservé qui a été fait à ce jeune courant philosophique ne lui a pas encore permis de se faire bien connaître de celles et ceux qui sont sensibles aux questions d'environnement. Tout se passe comme si un océan de pensée retenait à domicile, de l'autre côté de l'Atlantique, les problématiques élaborées par l'éthique environnementale, autour desquelles aucun programme de recherche bien défini ne s'est à l'heure actuelle développé en Europe, où d'autres problématiques sont privilégiées[1].

Les deux types d'approche des problèmes environnementaux continuent ainsi leur petit bonhomme de chemin l'un à côté de l'autre, chacun n'ayant d'égards que pour soi-même, sans véritablement réussir à se croiser et à tirer un bénéfice de leurs différences mêmes. Le paradoxe veut que des œuvres aussi importantes et novatrices que celles de Hans Jonas, de Ulrich Beck et de Bruno Latour, d'une part, et de Aldo Leopold, de J. Baird Callicott et de Bryan G. Norton, de

également à C. Larrère l'idée d'opposer les deux traditions philosophiques en considérant que l'écologie anglo-américaine pose essentiellement les problèmes en termes de *respect* (des entités du monde naturel) et l'écologie continentale en termes de *responsabilité* (interhumaine). C. Larrère a développé cette idée lors d'une conférence, inédite à ce jour, prononcée à l'E.N.S. (Ulm) en décembre 2006.

1. À l'exception notable des travaux des époux Larrère, de ceux de D. Birnbacher (en Allemagne) et de ceux de W. Zweers (aux Pays-Bas). Voir C. et R. Larrère, *Du bon usage de la nature. Pour une philosophie de l'environnement*, Paris, Aubier, 1997; D. Birnbacher, « A Priority Rule for Environmental Ethics », *Enironmental Ethics*, 1982, n° 4, p. 3-16, « Éthique utilitariste et éthique environnementale – une mésalliance? », *Revue philosophique de Louvain*, 1998, n° 3, p. 427-448 et « Existe-t-il des valeurs universelles vis-à-vis de l'environnement? », *Géographies et cultures*, 2001, n° 37, p. 23-35; V. Zweers, *Participating with Nature. Outline for an Ecologization of our World View*, Utrecht, International Books, 2000.

l'autre, qui sont fort éloignées de s'ignorer les unes les autres au sein de leur communauté philosophique d'origine, semblent ne plus rien avoir à se dire passé la ligne des monts, le cours d'un fleuve ou l'espace d'une mer, comme si leur objet de réflexion n'était pas au fond le même.

Nous souhaiterions contribuer à définir les conditions d'un dialogue que nous voudrions fructueux entre ces différents modes d'approche des problèmes environnementaux. Pareille entreprise implique en tout premier lieu de comprendre exactement en quoi consiste la spécificité de chacun de ces deux courants de pensée que – par commodité et quitte à rectifier cette hypothèse de travail subséquemment – nous supposerons suffisamment homogènes et unifiés autour de quelques grandes problématiques pour permettre de les distinguer l'un de l'autre.

Cette tâche effectuée, nous tenterons alors de mettre au jour de possibles points de jonction, non pas toutefois en *accompagnant*, pour ainsi dire, un mouvement de convergence qui n'attendrait que d'être révélé pour s'effectuer pleinement, mais bien en le *forçant* au moyen d'une analyse critique dénonçant, d'une part, le défaut de radicalité constitutif de la méthode de problématisation continentale, et, d'autre part, le risque de blocage idéologique auquel s'expose l'éthique environnementale en mettant au centre de toutes ses élaborations le concept de valeur intrinsèque des entités du monde naturel. À terme, nous espérons que les insuffisances de l'une et l'autre approches pourront, d'une certaine manière, s'annuler au regard d'une théorie écologique d'inspiration pragmatique, par l'esquisse de laquelle nous refermerons notre enquête.

L'APPROCHE CONTINENTALE
DES PROBLÈMES ENVIRONNEMENTAUX

L'ambition de cette première section est de mettre au jour les principales caractéristiques de la réflexion écologique telle qu'elle s'est développée en Europe, au cours des trois dernières décennies. Il s'agira de montrer de quelle manière elle a, dans une large mesure, pris le relais de la réflexion angoissée qu'a pu susciter, dans l'entre deux guerres et ce jusqu'à la fin des années soixante-dix, l'expansion des technologies modernes et, plus précisément, la maîtrise de l'énergie atomique. L'enjeu sera de prouver que pareille filiation n'est pas seulement ni fondamentalement de nature *rhétorique* – au sens où une prophétie de malheur viendrait alors se substituer à une autre, dans la plus pure tradition des discours apocalyptiques et catastrophistes –, mais qu'elle est d'abord et avant tout de nature *substantielle*, en ce sens où c'est bien le même objet de réflexion qui est examiné, à certaines différences près qu'il importera de noter.

De la bombe atomique à la crise écologique

Trois traits essentiels nous semblent apparenter l'une à l'autre l'invocation de l'extrême danger de l'armement nucléaire et la dénonciation des processus multiformes de dégradation de la nature, en leur conférant une indéniable originalité et par là même une toute autre signification que celle d'une lamentation apocalyptique ou catastrophiste. Il s'agit 1) de l'ampleur mondiale des problèmes qui sont examinés, constituant un enjeu pour l'humanité tout entière;

2) de la méthode philosophique sous la direction de laquelle les analyses sont conduites; 3) de la nécessité proclamée de redéfinir des règles de responsabilité qui soient à la mesure des nouveautés introduites par le développement technologique, exigeant une recomposition du politique.

1) S'il est vrai que les effets de la puissance technologique sont susceptibles d'affecter le monde entier et d'en totaliser les différentes régions dans une commune destruction, alors c'est à l'échelle du monde qu'il convient désormais d'apprendre à penser les problèmes que soulève l'usage des technologies modernes. L'exposition globale au risque majeur d'une déflagration atomique a ainsi mis au jour un espace planétaire englobant, où l'on n'est jamais assez éloigné de l'épicentre de l'explosion pour être tout à fait sûr d'être à l'abri des radiations.

Le nucléaire, insistent tous les analystes, ne connaît pas de frontières, et effectue à ce titre une totalisation du monde comprise comme expérience d'une clôture du monde sur lui-même où sa rotondité est « ressentie » en tant que telle dans la mesure où les conséquences de nos actions sont appelées à nous revenir dessus par effet boomerang, sans qu'il nous soit loisible de les observer d'un point qui serait situé ailleurs que là même où elles se produisent.

Selon Bertrand Russell, la bombe 2500 fois plus puissante que celle qui détruisit Hiroshima qu'il est désormais possible de fabriquer pourrait « projeter des particules radio-actives jusque dans les couches supérieures de l'atmosphère », lesquelles en « retomb[ant] lentement sur la surface de la Terre sous forme de poussière ou de pluies mortelles » pourraient contaminer toutes les formes de vie, sans que nul ne puisse prédire « jusqu'où pourrait s'étendre ce nuage mortel de particules radioactives[1] ». C'est que, par construction, comme le rappelle Günther Anders, « les nuages radioactifs ne se soucient ni des bornes kilométriques, ni des frontières nationales, ni des rideaux de fer ». Dans un monde où le danger s'est universalisé, et où « tout le monde peut toucher tout le monde et tout le monde être touché par tout le monde », le danger n'est « nulle part plus grand qu'ailleurs et reste donc un phénomène dénué de contrastes[2] ».

Pour cette raison également, les mêmes analystes font remarquer que l'enjeu de la réflexion ne peut plus être déterminé par la considération du sort réservé à tel ou tel groupe humain particulier, mais par celle de l'avenir de l'humanité de manière générale. La question de la bombe atomique, déclare par exemple Karl Jaspers, n'est pas une question parmi tant d'autres, elle est « la question de l'existence en général, la question d'être ou de ne pas être » où la survie de l'espèce humaine comme telle est en jeu[3]. L'humanité devient ainsi pour elle-même un tout du fait d'être menacée en totalité dans son existence, exigeant de la part de celui qui prend la parole

---

1. B. Russell, « Man's Peril », allocution prononcée sur l'antenne de la BBC en 1954. Ce passage a été repris mot pour mot l'année suivante dans le manifeste traditionnellement désigné sous le nom « Manifeste de Russell-Einstein ». Les deux textes ont été recueillis dans B. Russell, *Collected Papers*, vol. 28, London-New York, Routledge, 2003, p. 82-89, p. 318-321.

2. G. Anders, *La menace nucléaire. Considérations radicales sur l'âge atomique* (1981), trad. fr. Ch. David, Paris, Le Serpent à Plumes, 2006, p. 147 et 166.

3. K. Jaspers, *La bombe atomique et l'avenir de l'homme* (1958), trad. fr. E. Saget, Paris, Buchet-Chastel, 1963, p. 33.

au nom des intérêts de l'humanité de le faire en tant que simple représentant de l'espèce humaine [1].

Plus radicalement encore, l'avènement de la bombe atomique marque le moment d'une sorte de culmination, d'achèvement ou de point de non retour de l'histoire en ceci que la domination totale de la technique planétaire a fini par rendre possible la destruction totale de l'humanité. Ce n'est pas seulement toute une époque qui se voit unifiée et rendue pensable dans sa spécificité par la mise à disposition de l'énergie atomique, comme si une nouvelle ère s'ouvrait pour ainsi dire devant l'humanité – une ère atomique – à laquelle d'autres pourraient succéder un jour [2]. Car le problème est précisément de savoir *si* quoi que ce soit pourrait succéder au cataclysme d'une guerre atomique – bref, s'il y a encore un sens, dans ces conditions, à parler de l'histoire à venir de

1. « Man's Peril » débute par cette formule désormais bien connue : « I am speaking on this occasion not as Briton, not as European, not as a member of a Western Democracy, but as a human being, a member of the species Man, whose continued existence is in doubt ».

2. Il n'est pas sûr, malgré les apparences, que ce jugement aille à l'encontre de celui de Heidegger, qui a soin de laisser ouverte la question de la possibilité d'une nouvelle époque historiale qui succéderait à la nôtre. L'opposition de Heidegger porte plutôt sur la question de savoir si la bombe atomique « en tant que machine toute spéciale de mort » est bien ce qui menace le plus l'humanité. Sur la désignation de notre époque comme époque de l'énergie atomique, voir *Le Principe de raison* (1957), trad. fr. A. Préau, Paris Gallimard, 1962, p. 92-93 et surtout *Sérénité* (1959), dans *Questions III-IV*, trad. fr. A. Préau, Paris, Gallimard, 1990, p. 133-148; sur la bombe atomique, voir *La chose* (1954), dans *Essais et conférences*, trad. fr. A. Préau, Paris, Gallimard, 1990, p. 195 et 201, *Pourquoi des poètes ?* (1949), dans *Chemins qui ne mènent nulle part*, trad. fr. W. Brokmeier, Paris, Gallimard, 1990, p. 353, *Sérénité, op. cit.*, p. 140 et 143, *Réponses et questions sur l'histoire de la politique* (1966), trad. fr. J. Launay, Paris, Mercure de France, 1988, p. 45.

l'humanité. Il ne s'agit certes pas de dire que *la fin des temps* est arrivée, mais plutôt que nous vivons *le temps de la fin*, qui peut fort bien d'ailleurs durer indéfiniment et qui durera de fait aussi longtemps qu'aucun changement ne parviendra à imposer « un critère déterminant un nouvel âge du monde capable de concurrencer et de vaincre l'actuel critère d'un "possible auto-anéantissement de l'humanité"[1] ».

2) Dans la mesure où la pensée du temps de la fin ne fait nullement la supposition que nous ne réussirons pas à repousser toujours à nouveau la fin devant nous, dans la mesure également où elle ne spécule pas sur l'imminence plus ou moins grande de la catastrophe et qu'elle ne formule aucune espérance eschatologique, il est clair qu'elle ne relève plus du tout de la tradition apocalyptique, mais qu'elle inaugure une nouvelle méthode de réflexion philosophique, qui consiste à penser toutes choses sous l'hypothèse de la possibilité permanente de l'apocalypse.

Mais, pourrait-on demander, à quoi bon évoquer la possibilité d'une catastrophe dont la probabilité paraît faible ? S'il faut apprendre à nous voir aujourd'hui inévitablement « à l'ombre de la grande catastrophe », s'il faut apprendre à l'envisager constamment comme possible *et donc par hyperbole* comme probable, c'est parce que ce passage à la limite « est la seule voie par laquelle ce qui est vraisemblable aujourd'hui pourrait [demain] devenir invraisemblable et même impossible[2] » en contraignant les hommes à entreprendre tout ce qui est nécessaire pour écarter la catastrophe.

---

1. G. Anders, *Le temps de la fin* (1960), trad. fr. Ch. David, Paris, Carnets de l'Herne, 2007, p. 83 et 84. Voir aussi *La menace nucléaire, op. cit.*, p. 145.

2. K. Jaspers, *La bombe atomique et l'avenir de l'homme, op. cit.*, p. 21.

La méthode qui consiste à envisager toutes choses « à l'ombre de la bombe », selon une expression récurrente sous la plume de Jaspers [1], a de multiples fonctions : révéler la vulnérabilité de l'existence de l'humanité ; rendre perceptible la valeur de ce qui apparaît comme pouvant être perdu irrémédiablement ; mettre au jour un impératif d'un nouveau genre qui commande de préserver l'existence de l'espèce humaine à tout prix ; faire pénétrer au fond des cœurs une « angoisse créatrice » pour inciter les hommes à prendre conscience de leur tâche en leur rappelant l'origine de leur être ; intensifier la peur chez les peuples pour qu'elle devienne une puissance dominante, non pas celle qui incite à céder aveuglément, mais celle d'où procède l'« éthique claire », capable de transformer, de produire des hommes d'État qui lui soient conformes et dont elle soutienne les actions ; transformer l'éthique individuelle, et par là même l'éthique politique en général, de sorte à préparer les conditions dans lesquelles la situation de peur se résoudra en une situation dans laquelle les raisons objectives d'avoir peur ne cesseront de s'affaiblir [2].

3) Conformément à l'objectif ultime que se fixe la méthode dont les principes viennent d'être élucidés, la pensée

---

1. Et qui connaît de nombreuses déclinaisons : « l'ombre de la grande catastrophe » (p. 25), « l'ombre de l'ultime argument » (p. 110), « l'ombre de la bombe atomique » (p. 111 *sq.*), « l'ombre de l'explosion possible » (p. 125), etc. On la rencontre aussi chez G. Anders : « Dorénavant, l'humanité vivra sans cesse à l'ombre du monstre », *Avoir détruit Hiroshima. Correspondance de Cl. Eatherly avec G. Anders* (1959-1961), trad. fr. P. Kamnitzer, Paris, R. Laffont, 1962, p. 54.

2. K. Jaspers est celui qui donne le plus de développement à cette méthode de réflexion, mais certains de ses éléments se retrouvent chez G. Anders et B. Russell.

du temps de la fin ne portera ses fruits que si elle parvient à se faire entendre du plus grand nombre, en rappelant constamment, par des déclarations publiques, la situation qui est la nôtre depuis l'avènement de la bombe atomique, en répétant sans cesse de quoi il s'agit, sans jamais se lasser de «gueuler jour après jour, années après années contre le nucléaire[1]». Ce n'est qu'en procédant de cette manière que tous les hommes finiront par se laisser pénétrer par cette idée, et qu'ils parviendront à se représenter ce qu'elle signifie. «Il faut», déclare Karl Jaspers, «la leur dire chaque jour [*sc.* cette vérité], la démontrer, la crier, ne pas permettre qu'elle fasse trêve dans l'opinion publique ni dans l'âme de chaque individu[2].» Pourquoi? Parce que la peur constamment entretenue suscite la volonté d'agir et fait l'effet d'un catalyseur qui stimule la liberté en l'inclinant à prendre des initiatives qui soient à la mesure du risque encouru.

Quand tous les peuples du monde, toutes les civilisations et tous les États se rencontrent sur le chemin d'une destinée commune, parce qu'ils ont fini par comprendre que l'existence qu'ils mènent à la surface de la terre est en danger et qu'ils n'ont aucune planète de rechange, alors il devient clair pour tous que l'humanité menacée *en totalité* ne pourra se sauver qu'*en totalité*, à la condition que soit élaborée une politique de coopération internationale d'un genre inédit et d'une portée sans précédent : chez Jaspers, c'est l'idée d'une paix mondiale à laquelle prêterait main forte la «communauté des hommes de raison»; chez Russell, c'est l'idée d'un gouvernement

1. G. Anders, *Et si je suis désespéré que voulez-vous que j'y fasse?* (1977), trad. fr. Ch. David, Paris, Allia, 2007, p. 93.

2. K. Jaspers, *La bombe atomique et l'avenir de l'homme, op. cit.*, p. 656.

mondial qui aurait la possession exclusive de la bombe atomique et qui exercerait pour cette raison une pression sur les États-nations qui refuseraient de se soumettre à son arbitrage ; chez Anders, c'est l'idée d'une grève générale de la production impliquant de s'abstenir de faire ce que nous savons faire et de fabriquer les attirails dont nous sommes incapables d'oublier le mode de fabrication[1]. À chaque fois, c'est par la recomposition du politique qu'une solution durable semble pouvoir être apportée aux problèmes que soulève la menace nucléaire.

L'action des hommes dans la nature

Entendons bien : il ne s'agit pas pour nous de *réduire* une forme de pensée à une autre, en faisant comme si la méditation

---

1. Pour Jaspers, voir *La bombe atomique et l'avenir de l'homme*, *op. cit.*, p. 405 *sq.* et p. 664 *sq.* Pour Russell, voir *Common Sense and Nuclear Warfare* (1959), London-New York, Routledge, 2001, et *L'homme survivra-t-il ?* (1962), trad. fr. Y. Massip, Paris, Éditions J. Didier, 1963, p. 105 *sq.* Pour Anders, voir « Les Morts. Discours sur les trois guerres mondiales » (1964), trad. fr. A. Morabia, dans *L'homme sur le pont*, *op. cit.*, p. 498-508 et, dans le même volume, p. 94-97. Anders se contente d'ordinaire d'indiquer que, « puisque le danger est international, le salut doit l'être également », et que, « puisque les performances des missiles […] ont effacé les frontières, nous devons aussi effacer les frontières dans nos modes d'action et de pensée » (*La menace nucléaire*, *op. cit.*, p. 90), sans préciser la forme politique que devrait prendre cette organisation internationale. Ce n'est pas là de sa part la marque d'un désintérêt pour la politique, mais plutôt l'expression de sa conviction que la technique est devenue le véritable sujet de l'histoire, tandis que les hommes ne sont plus que « co-historiques » (*mitgeschichtlich*). Sur ce point de sa pensée, et les limites d'un rapprochement possible avec la pensée de Heidegger, voir l'étude de P. van Dijk, *Anthropology in the Age of Technology. The Philosophical Contribution of Günther Anders*, Amsterdam-Atlanta, Rodopi, 2000, p. 105-139.

du péril écologique ne s'était pas accompagnée d'une prise en considération de sa spécificité et donc de son irréductibilité au danger du nucléaire. Il s'agit d'indiquer l'existence d'une filiation entre deux types de questionnement qui ne se sont pas seulement succédés dans le temps, mais bien engendrés l'un l'autre, dans une mesure qu'il nous reste encore à déterminer.

Le principal apport de la réflexion des quelques penseurs d'origine européenne sous la plume desquels vont s'élaborer, dès la fin des années 1950, les premiers éléments d'une philosophie de l'environnement, nous semble tenir à l'introduction d'un nouveau schéma d'analyse adapté à la situation inédite créée par les technologies modernes : *l'analyse des effets indirects imprévisibles des interventions humaines intentionnelles dans la nature* – qui combine d'une certaine manière l'un à l'autre les deux thèmes classiques des conséquences non anticipées et indésirables de l'action sociale finalisée, et celui de l'invention de techniques échappant à tout contrôle de la part de leurs créateurs, en prenant en compte l'orientation des actions humaines du côté de la nature et les effets en retour qu'elles produisent dans la sphère des relations interhumaines[1].

Le contexte d'action que définit la modernité rend en effet insuffisante aussi bien l'analyse des « effets pervers » induits par des actions individuelles inspirées par de bonnes raisons mais qui, en se composant, produisent des conséquences non

---

1. Il serait possible bien entendu de citer d'autres auteurs que ceux que nous allons citer ici, en suivant le fil d'une autre problématique. Ainsi, il pourrait être intéressant de montrer ce que des penseurs tels que B. de Jouvenel, J. Ellul, H. Lefebvre, I. Illich et, plus tard, G. Deleuze et F. Guattari, ont pu apporter à la réflexion écologique naissante, ou encore, de l'autre côté de l'Atlantique, L. Mumford, M. McLuhan, etc.

intentionnelles contraires aux volontés des acteurs, que celle des phénomènes d'emballement des techniques devenues autonomes qui fonctionnent au rebours des finalités qu'elles sont censées servir, car il est remarquable que dans l'un et l'autre cas les perturbations engendrées sont supposées ne pas excéder les limites de l'ordre social où elles sont la cause de déséquilibres et où elles opèrent des changements. La possibilité que l'action humaine, avec ses processus faits par l'homme, puisse ne pas être circonscrite au monde humain, mais qu'elle puisse également s'appliquer au règne de la nature en brouillant par là même les frontières entre l'un et l'autre, semble ne pas avoir été envisagée avant notre époque.

Entre tous, Hannah Arendt nous paraît être celle qui a su le mieux mesurer la portée des nouveaux moyens d'intervention dans la nature rendus disponibles par la technologie, et en apprécier les multiples conséquences environnementales. Ainsi dans son ultime conférence, écrite et prononcée l'année même de sa mort, on la voit dénoncer «la transformation dans les faits de l'ancienne société de production en une société de consommation qui ne peut avancer qu'en devenant une immense société de gaspillage», laquelle «s'accomplit aux dépens du monde dans lequel nous vivons et des objets à l'obsolescence fabriquée dont nous usons et abusons toujours plus, dont nous mésusons et que nous finissons par jeter». Et d'ajouter : «La récente prise de conscience des menaces qui pèsent sur notre environnement représente la première lueur d'espoir dans cette évolution[1]», la première indication que quelques-uns commencent à comprendre que l'univers moral

---

1. H. Arendt, «Retour de bâton» (1975), trad. fr. J.-L. Fidel, *Responsabilité et jugement*, Paris, Payot, 2005, p. 286.

ne se compose pas que de contemporains et que l'horizon d'avenir ne se limite pas à leur durée de vie prévisible.

On aurait tort toutefois d'en conclure que le principal mérite d'Arendt en cette affaire est d'avoir su anticiper la thématique du développement durable, en rappelant la nécessaire distinction entre des « biens de consommation » (qui sont faits pour être détruits) et des « biens d'usage » (qui sont faits pour servir, et donc pour durer un certain temps), alors qu'il s'agit bien plutôt pour elle de montrer que l'avènement d'une économie du gaspillage est solidaire de l'apparition d'un nouveau rapport à la nature, où celle-ci n'est plus le cadre invisible et inobjectivable de nos actions, mais, dans sa globalité, un objet d'intervention, susceptible d'être bouleversée par nos actions mêmes et entraînée dans la même logique que ces dernières.

La question n'est plus tant celle de savoir ce que les hommes *fabriquent* dans la nature ou à partir d'elle, que celle de savoir de quelle manière ils y *agissent*[1], car toute la nouveauté de la situation tient précisément à ce que « nous avons commencé à agir à l'intérieur de la nature comme nous

1. Le texte principal où cette distinction est proposée se trouve au chap. 3 de *Condition de l'homme moderne* (1958), trad. fr. G. Fradier, Paris, Calmann-Lévy, 1961. Voir aussi la conférence inédite « Travail, œuvre, action » (1957), trad. fr. D. Lories, *Études phénoménologiques*, 1985, n° 2, p. 3-26. Rappelons qu'Arendt distingue entre le travail de notre corps, l'œuvre de nos mains et l'action proprement dite : le travail produit des biens offerts à la consommation immédiate ; l'œuvre de nos mains fabrique des objets artificiels doués d'une relative indépendance ; l'action – parce qu'elle tombe toujours dans un tissu de relations humaines déjà existant, où elle lance un nouveau processus qui affectera un grand nombre d'individus – produit des « histoires » (*stories*) dont nul ne peut prédire l'issue, et dont personne ne peut défaire les conséquences quand elles s'avèrent désastreuses.

agissions à l'intérieur de l'histoire[1] ». En effet, poursuit Arendt, nous savons aujourd'hui que nous sommes capables, en libérant certaines forces naturelles, de déclencher de nouveaux processus naturels qui n'auraient jamais existé sans l'intervention directe de l'action humaine, et qu'en un sens par conséquent nous « faisons la nature », dans la même mesure que nous « faisons l'histoire ».

Dans ce contexte, insiste-t-elle, il est capital de bien comprendre dans quelle mesure décisive le monde technologique dans lequel nous vivons diffère du monde mécanisé tel qu'il a surgi avec la Révolution industrielle. C'est cette différence qu'elle s'efforce de restituer en opposant l'« action » à la « fabrication » : tandis que l'industrialisation consistait encore principalement en une mécanisation de processus de travail, et donc dans un progrès dans la fabrication des objets, « le monde où nous en sommes maintenant venus à vivre est beaucoup plus déterminé par l'action de l'homme dans la nature, la création de processus naturels qui sont amenés dans l'artifice humain et le domaine des affaires humaines, que par l'édification et la préservation de l'artifice humain comme une entité relativement permanente[2] ».

Il importe de bien comprendre que, en captant la nature dans le monde humain, « nous n'avons pas seulement accru notre pouvoir sur la nature, nous ne sommes pas seulement devenus plus agressifs dans notre rapport aux forces existantes de la terre[3] », *nous avons effacé les frontières entre la nature et*

---

1. H. Arendt, « Le concept d'histoire » (1957), dans *La crise de la culture*, trad. fr. P. Lévy, Paris, Gallimard, 1972, p. 80.

2. *Ibid.*, p. 81.

3. *Ibid.*, p. 82.

la société et introduit dans le règne de la nature l'imprévisibilité constitutive de l'action humaine, laquelle, à la grande
différence de tout processus de fabrication, ne laisse pas de
produit achevé derrière elle, mais provoque bien plutôt une
cascade créatrice (et parfois destructrice) d'événements en
chaîne dont l'issue reste indéterminable. « Agir dans la nature,
transporter l'imprévisibilité humaine dans un domaine où l'on
est confronté à des forces élémentaires qu'on ne sera peut-être
jamais capable de contrôler sûrement [1] », tel est en son essence,
selon Arendt, le danger auquel nous confronte la technologie
moderne.

Pour une bonne part, la réflexion de Hans Jonas sur les
conditions nouvelles de l'agir humain instaurées par l'âge
technologique nous paraissent se situer dans le droit-fil des
analyses qui viennent d'être évoquées, à cette différence près,
il est vrai capitale, qu'elle s'articule expressément au projet
d'élaboration d'une éthique de la nature – la première du siècle
– au nom de l'argument général selon lequel c'est parce que
l'homme dispose aujourd'hui d'un pouvoir nouveau sur son
environnement dont la portée s'étend très au-delà de la proxi-
mité spatio-temporelle, que la nature de son devoir, non seulement à l'endroit des êtres humains mais encore à l'endroit de
l'ensemble de la biosphère avec toute la variété de ses espèces,
se pose en des termes eux aussi renouvelés.

Par là même, la différence notable de perspective entre les
penseurs de l'apocalypse atomique et ceux du péril écologique
se donne à voir avec évidence : plus inquiétant que l'usage
militaire de la fission nucléaire ou que la portée planétaire des
retombées des particules radioactives, plus préoccupant

---

1. H. Arendt, « Le concept d'histoire », *op. cit.*, p. 85.

encore que « le danger d'un brusque holocauste atomique »
que, tout compte fait, « l'on pourrait toujours prévenir » pour
peu que nous éliminions, par simple convention, les arsenaux
nucléaires, est « la menace que constitue l'ensemble de notre
technologie[1] » qui est devenue indispensable à notre vie dans
ce qu'elle a de plus ordinaire.

À bien y regarder, en effet, le long terme des effets
cumulatifs de « l'usage pacifique quotidien que nous faisons
de notre pouvoir [sur la nature] et sur lequel repose toute notre
existence civilisée avec son confort (conduire sa voiture,
prendre l'avion, etc.), avec l'abondance extraordinaire de
biens dont nous disposons[2] » représente un risque bien plus
grand que l'explosion d'une bombe atomique à Hiroshima ou
à Nagasaki, précisément parce que les dommages irréversibles
occasionnés se produisent sans avoir été voulus de personne,
en prenant même l'exact contre-pied des meilleures intentions, selon une logique d'enchaînement qui échappe à toute
prévision rationnelle et qui crée par conséquent un type de
problèmes éthiques inconnus à ce jour :

> En général, toute capacité est bonne « en soi » ou « en tant que
> telle » et ce n'est que son utilisation injuste qui est mauvaise.
> […] Mais qu'en est-il de la possibilité de cette distinction
> lorsque l'action a lieu dans un contexte où tout emploi à grande
> échelle d'une capacité engendre, en dépit de l'intention droite
> des agents, une série d'effets liés étroitement aux effets
> « bénéfiques » immédiats et intentionnés, série qui aboutit, au
> terme d'un processus cumulatif, à des conséquences néfastes

---

1. H. Jonas, « La science comme vécu personnel » (1986), trad. fr.
R. Brisart, *Études phénoménologiques*, 1988, n° 8, p. 30.

2. H. Jonas, « De la gnose au *Principe responsabilité* », trad. fr. J. Greisch,
Esprit, 1991, n° 171, p. 11.

dépassant parfois de loin le but recherché? On a de bonnes raisons de croire que cette description correspond au cas de la technique moderne [1].

On objectera que les risques d'accidents technologiques, industriels, nucléaires, chimiques ou pétroliers, c'est-à-dire les effets secondaires ou les erreurs de conception et de gestion liées à la technologie moderne, ne datent pas d'hier, et que l'on a toujours su que l'usage des techniques était à double tranchant. Mais ce que nous ne voyons pas, c'est que les risques que nous font courir les nouvelles technologies ne sont que les manifestations spectaculaires d'un bouleversement qui est autrement plus profond, et dont nous commençons à avoir un pressentiment à la considération des effets ambivalents des technologies utilisées *à bon escient* et *pour des fins louables*. L'étonnant est que, à une certaine échelle, même la logique du succès finisse par s'invertir et les effets attendus par devenir eux-mêmes pervers, sans que les finalités de l'action ou les motivations des acteurs puissent pour autant être incriminées, parce que le problème se situe à un autre niveau – celui des moyens techniques que nous utilisons, dont les effets cumulés à long terme sont devenus aussi imprévisibles que le sont les résultats de l'action collective ordinaire des hommes en société.

En ce sens, Hans Jonas est peut-être le premier à comprendre que la crise environnementale à laquelle nous sommes confrontés résulte du fait que les nouvelles modalités d'intervention humaine dans la nature ont pour effet d'étendre

---

1. H. Jonas, « La technique moderne comme sujet de réflexion éthique », (1982), trad. fr. M. Neuberg, dans *La responsabilité. Questions philosophiques*, M. Neuberg (éd.), Paris, PUF, 1997, p. 231-232.

à cette dernière la structuration sociale du champ de l'action, au point de rendre presque inopérante la différence conceptuelle entre une action humaine et un événement naturel : *les symptômes de la crise environnementale sont des instances de la civilisation industrielle transformée en puissances naturelles.*

L'avènement de la société du risque

La thématisation des implications imprévisibles de nos interventions technologiques dans la nature à l'échelle mondiale constitue sans doute l'indice le plus remarquable d'un changement d'époque qui a été diversement théorisé par certains sociologues contemporains sous le nom de « modernité réflexive »[1].

À l'origine de leur réflexion se trouve l'idée selon laquelle l'opposition entre nature et société apparaît de nos jours, au regard des risques environnementaux auxquels nous expose la mutation industrielle et technique de ces dernières décennies, comme une construction obsolète datant du XIXᵉ siècle, où celle-ci permettait de penser un certain nombre d'événements se produisant de manière simplement accidentelle, qui étaient le résultat de décisions sociales et politiques, qui étaient toujours limités dans le temps et dans l'espace, et demeuraient perceptibles, prévisibles, contrôlables et surtout assurables dans la mesure où le dommage sans cause qui a été subi pouvait donner lieu à indemnisation.

---

1. La théorie de la « modernisation réflexive » a été développée en commun par U. Beck, A. Giddens et S. Lash, notamment dans le volume qu'ils ont co-dirigé, *Reflexive Modernization. Politics, Tradition and Aesthetics in the Modern Social Order*, Cambridge, Polity Press, 1994.

Or, sur tous ces points, les risques engendrés par la société post-industrielle sont fondamentalement différents, du fait de la *socialisation de la nature* désormais intégrée au système industriel. Comme le dit Ulrich Beck, nous devrions toujours demander à celui qui prononce le mot de « nature » de quelle nature il veut parler : de la nature telle que les sciences naturelles la conçoivent ? de la nature telle qu'elle est lacérée de nos jours par l'industrie ? de la vie à la campagne pendant les années 1950 ? des légumes issus de l'agriculture biologique ?

> Le patchwork auquel nous avons affaire aujourd'hui – cette nature refaçonnée qui n'a plus rien de naturel – est un équipement interne du monde civilisé : le travail, la production, la politique et la science ont toujours déjà reconstruit la nature, l'ont livrée à la consommation et modelée aux normes en fonction desquelles elle sera jugée être en péril et endommagée. Le processus d'interaction avec la nature l'a absorbée sans reste, l'a abolie, et l'a transformée en une méta-réalité qui ne peut plus se débarrasser des attributs que lui ont conférés ses co-créateurs [1].

L'envers de cette *nature socialisée* est la *sociétisation des destructions naturelles* qui se transforment en menaces sociales, économiques et politiques intégrées au système et portant sur la société mondiale industrialisée à l'extrême. L'explosion de la centrale nucléaire de Tchernobyl, l'épidémie d'encéphalite spongiforme bovine, etc., ne sont pas des événements qui se produiraient de manière simplement accidentelle, en raison d'une défaillance résiduelle, mais ils sont plutôt, comme le dit encore Ulrich Beck, « des produits de

---

1. U. Beck, *Ecological Politics in an Age of Risk*, Cambridge, Polity Press, 1995, p. 36-37.

la victoire du processus de modernisation[1] », c'est-à-dire des effets pervers internes de la modernisation industrielle, laquelle engendre des menaces systémiques qui ne peuvent plus être contrées ou assimilées par le système industriel. Les risques de la société post-industrielle sont fabriqués ou « manufacturés » socialement, ils sont le produit d'un mode de production qui brouille définitivement les anciennes distinctions entre nature et société, entre risques naturels et risques technologiques, entre incident national et catastrophe mondiale, comme l'a magistralement démontré à sa manière le fameux « nuage radioactif » de Tchernobyl dans lequel « histoire et météorologie se [sont] fond[ues] en une unité aussi paradoxale que surpuissante[2] ».

La nature est devenue un enjeu politique, ce qui signifie aussi bien que toute politique devra dorénavant être une politique de la nature. Toutefois, cette politique ne pourra plus se régler sur le modèle de l'État Providence en reconduisant ses dispositifs institutionnels d'indemnisation des dommages et, plus largement, la rationalité juridique et politique qui la fondait et qui a débouché sur le système complexe de protection sociale, car les risques auxquels elle a à faire face minent de l'intérieur l'édifice de ses compétences traditionnelles.

Contrairement aux risques de la première période industrielle, les risques environnementaux ne sont limités ni dans le temps, ni dans l'espace, ni sur le plan social, en raison de leur caractère universel, transnational et même transgéné-

---

1. U. Beck, « La société du risque globalisé revue sous l'angle de la menace terroriste », *Cahiers internationaux de sociologie*, 2003, n° 114, p. 30.

2. U. Beck, *La société du risque. Sur la voie d'une autre modernité* (1986), trad. fr. L. Bernardi, Paris, Flammarion, 2001, p. 16.

rationnel[1]. Les risques environnementaux ne peuvent pas non plus être imputés à des personnes selon les règles de la causalité, de la culpabilité et de la responsabilité en vigueur, parce qu'initialement «personne ne voyait et surtout ne souhaitait […] la mise en danger de chacun et la destruction de la nature» – ce qui n'a pas empêché de tels risques de devenir «le moteur de l'histoire[2]» de la fin du siècle dernier. Enfin, ils ne peuvent faire l'objet d'une compensation ou d'une quelconque assurance parce que les catastrophes écologiques ou technologiques échappent aux calculs des actuaires en raison de leur rareté et de l'ampleur de leurs conséquences qui rendent difficiles les estimations des probabilités d'occurrence comme des dommages.

Pour toutes ces raisons, l'on peut bien dire que la crise écologique contemporaine a un caractère *doublement* explosif – planétaire et sociétal –, en soulignant que c'est surtout par le second aspect qu'elle prend véritablement les dimensions d'une crise sans précédent. Car désormais plus rien ne va de soi, pas même la détermination de la nature et de la portée des risques environnementaux auxquels nous sommes exposés, dans la mesure où ces derniers restent la plupart du temps invisibles, imperceptibles, inodores – on ne sent pas plus le DDT dans son café qu'on ne goûte l'ESB dans son steak –, et requièrent donc des interprétations causales qui se

1. U. Beck faisait justement remarquer au début des années 2000 que «quinze après l'accident» de Tchernobyl, certaines de ses victimes «n'étaient pas encore nées». Voir U. Beck et J. Willms, *Conversations with Ulrich Beck*, Cambridge, Polity Press, 2004, p. 115.

2. U. Beck, «La politique dans la société du risque», *Revue du MAUSS*, 2001, n° 17, p. 376.

situent exclusivement dans le domaine de la connaissance scientifique qu'on a d'eux.

Or le problème est que, lorsqu'il s'agit de définir de tels risques, la science perd le monopole de la rationalité, d'une part parce qu'«elle repose sur un *château de cartes d'hypothèses spéculatives* et ne se meut que dans le cadre d'*énoncés de probabilité*», et d'autre part parce qu'«il faut avoir adopté une perspective qui intègre des critères des *valeurs* pour pouvoir parler de risque de façon convaincante [1]» : sur l'un et l'autre points, la prétention de la science à informer objectivement peut être désavouée, un conflit peut éclater entre le savoir des experts et celui d'autres experts, entre ces derniers et le savoir des citoyens ordinaires, ouvrant le champ de bataille des revendications pluralistes de rationalité.

Les arrangements cosmopolitiques

Mais suffit-il de dire que les sciences, au lieu de suspendre le cours incertain des controverses politiques, juridiques et morales, ajoutent désormais leurs propres incertitudes en jetant, pour ainsi dire, de l'huile sur le feu des passions publiques, pour élucider dans toute sa radicalité la mutation qui s'est produite ? Au-delà de la mise au jour des limites d'un certain type d'organisation socio-politique, ce sont en fait d'innombrables pratiques et configurations épistémologiques, et avec elles une manière d'ordonner les formes d'existence, qui sont remises en cause par la crise environnementale.

Ainsi, s'il est vrai que plus rien ne soutient l'opposition multiséculaire du monde scientifique des faits établis et

---

1. U. Beck, *La société du risque, op. cit.*, p. 53. Tous les mots sont soulignés dans le texte.

indubitables au monde politique de l'éternelle discussion, c'est aussi bien, comme le note Bruno Latour, parce que la « Science » elle-même a cédé la place à la « recherche », et que les anciens « *matters of fact* » sont devenus des « *matters of concern* », les faits indiscutables se sont transformés en faits disputés, contraignant les scientifiques et les technologues à sortir de leur confinement à la fois pour rendre des comptes et pour prendre en compte des faits qu'ils ignorent ou, pis, qu'ils ne veulent pas connaître, selon une procédure de concertation élargie au cours de laquelle les différents acteurs sont censés pouvoir s'entendre sur ce qui doit être fait[1].

Les controverses écologiques s'offrent précisément à être interprétées comme une invitation à accompagner la transition historique qui conduit de la Science à la recherche, en tant qu'elles constituent en elles-mêmes, à leur manière, un *projet de recherche*, une expérimentation risquée, qu'il faut suivre attentivement et décrypter en commun. De quel autre événement la production et la diffusion des OGM, l'augmentation de gaz carbonique dans l'atmosphère, la propagation du prion, etc., sont-elles en effet annonciatrices si ce n'est du fait que, dorénavant, « le laboratoire est devenu le monde[2] », que les recherches sont conduites en plein air et à très large échelle, et que l'on expérimente en permanence sur nous tous sans que nul sache exactement ce qui en résultera ?

---

1. Sur cette distinction, voir B. Latour, *Changer de société, refaire de la sociologie*, Paris, La Découverte, 2006, p. 125-176. Voir aussi dans le prolongement de ces idées M. Callon, P. Lascoumes, Y. Barthe, *Agir dans un monde incertain. Essai sur la démocratie technique*, Paris, Seuil, 2001, p. 311 *sq.*

2. B. Latour, « Réponse aux objections », *Revue du MAUSS*, 2001, n° 17, p. 146.

En ce sens, le scientifique, le profane et le citoyen ordinaire sont tous logés à la même enseigne, ils partagent le même «doute profond sur la nature de l'action[1]», non seulement parce que les effets induits des interventions des hommes dans la nature échappent à toute prévision, mais encore parce que, corrélativement, la détermination même de *ce qui agit* dans la nature par le truchement de leurs interventions est devenu problématique : le réchauffement climatique est-il un «risque naturel» au même titre que les tsunamis ou les cyclones, ou bien un «imbroglio sociopolitique» d'un genre inédit qui entraîne tout à la fois «une controverse scientifique, un conflit politique entre le Nord et le Sud et d'immenses changements stratégiques dans l'industrie[2]» ?

Si donc les sciences se sont révélées incapables de calmer par leur admirable rigueur les désordres de la vie publique, ce n'est pas tant parce que les temporalités des phénomènes à prendre en compte sont trop incommensurables (comme on le voit dans le cas de CFC ou de l'enfouissement des déchets nucléaires), ou parce que le savoir total qui serait requis n'est et ne sera jamais accessible (comme dans le cas des écosystèmes en évolution continuelle), que parce que les pratiques de laboratoire sont venues bouleverser, par leurs involontaires (et parfois volontaires) turbulences, l'ordonnancement et la composition des formes d'existence, en introduisant des «entités hybrides» dont la trajectoire et le destin ne se conforment pas aux lois de la causalité.

---

1. B. Latour, *Politiques de la nature. Comment faire entrer les sciences en démocratie*, Paris, La Découverte, 1999, p. 112.
2. B. Latour, *L'espoir de Pandore. Pour une version réaliste de l'activité scientifique*, Paris, La Découverte, 2001, p. 213.

À bien y regarder, les controverses écologiques se caractérisent toutes par le fait de l'irruption imprévisible et incontrôlable dans la vie collective des humains de nombreux « êtres » ou « assemblages » qui sont simultanément à l'œuvre dans le monde – qui sont à la fois humains puisqu'ils sont notre œuvre, et naturels puisqu'ils ne sont pas de notre fait[1]. Le point décisif est qu'*un nouvel acteur est entré en scène, sous les auspices de la science et des techniques, dont le mode d'existence et le répertoire d'actions demeurent indéterminés*[2].

La crise est donc d'abord et avant tout une crise de *représentation politique*, en ce sens où, au lieu de constater que ces « assemblages » sont partie intégrante depuis quelque temps déjà du collectif, au point de saturer notre cadre juridique et de remplir toutes les pages du journal quotidien, la constitution moderne s'est employée à rendre « invisible, impensable, irreprésentable le travail de médiation qui assemble les hybrides[3] », en les exonérant du même coup de

---

1. Sur ce point, voir B. Latour *Nous n'avons jamais été modernes. Essai d'anthropologie symétrique*, Paris, La Découverte, 1991, p. 72. L'auteur reprend expressément à son compte le concept de « quasi-objet » élaboré par M. Serres, notamment dans *Statues. Le second livre des fondations*, Paris, Flammarion, 1987.

2. Sur le concept d'« acteur » ou d'« actant », voir *La science en action*, Paris, La Découverte, 1989, p. 131 *sq.*, *Politiques de la nature*, *op. cit.*, p. 114-116, *Changer de société, refaire de la sociologie*, *op. cit.*, p. 104-109. Peut être tenu pour un « actant » tout élément qui introduit une différence dans un cours d'action. L'action n'étant plus tenue pour le privilège des sujets, elle ne saurait être considérée indépendamment des objets avec lesquels elle est susceptible de composer à une étape ou à une autre de son déroulement.

3. B. Latour, *Nous n'avons jamais été modernes, op. cit.*, p. 53.

tout examen public, de toute évaluation et de toute régulation délibératives.

Par là même, apparaît clairement ce que pourrait être la tâche d'une écologie politique enfin à la hauteur des défis auxquels nous sommes confrontés : obtenir de tous la reconnaissance que les objets hybrides ont toujours participé à tous nos débats et à toutes nos actions politiques, que le collectif que nous formons avec eux est en voie d'expansion continue, de sorte à mettre à l'ordre du jour la double question de savoir *combien nous sommes* exactement, et *à quelles conditions nous pouvons vivre ensemble.* « On pensait que l'écologie politique devait rassembler les humains et la nature », écrit Bruno Latour, « alors qu'elle doit conjoindre la façon scientifique de brasser les humains et les non humains avec la façon politique de brasser les humains et les non humains [1]. »

Toute la question porte, au final, sur les modalités de composition progressive d'un collectif qui soit tel que l'assemblage des agrégats y réalise un monde commun. Quelles sont, parmi les associations entre humains et non humains, celles qu'un collectif veut voir exister ? celles dont il peut permettre l'existence ? celles qu'il se doit de préserver et de protéger ? Inversement, lesquelles doivent être empêchées, prévenues, bloquées, dissoutes ? Quels sont les « arrangements cosmopolitiques » [2] qui permettent de dessiner les frontières d'un monde viable ? À en croire Bruno Latour, telles sont

---

1. B. Latour, *Politiques de la nature, op. cit.*, p. 203. Voir la définition que l'auteur propose d'un tel programme dans *Changer de société, refaire de la sociologie, op. cit.*, p. 373-376.

2. Également appelées à l'occasion « cosmogrammes ». L'expression est empruntée par l'auteur à I. Stengers, et désigne à la fois l'opération et le résultat du tracé délibéré des bords du collectif.

les questions auxquelles doivent répondre les démocraties modernes en convoquant un « parlement des choses » où siégeraient les non humains et où les savants, les écologistes, les urbanistes, les météorologues et les citoyens ordinaires pourront débattre et légiférer à leur sujet en vue de substituer à la folle prolifération actuelle des hybrides une production qui soit réglée et décidée en commun [1].

CRITIQUE DE L'ANTHROPOCENTRISME RÉSIDUEL

S'il est indéniable qu'en passant de la critique philosophique des dangers des technologies modernes et, tout particulièrement, de l'usage du nucléaire, à la pensée du péril écologique, l'analyse s'est enrichie de composantes inédites – en renouvelant en profondeur les méthodes de travail de la sociologie, les enjeux d'une philosophie de la science et de la technique, les perspectives d'une entreprise morale et celles de la métaphysique –, il nous paraît de la plus grande importance de bien voir en quelle mesure la seconde demeure, sans doute à son insu, l'héritière de la première.

La survie de l'humanité

L'identité du cadre dans lequel sont conduites dans les deux cas les analyses ne se manifeste pas seulement par la

---

1. Sur cette idée capitale de « représentation », voir B. Latour, *La science an action, op. cit.*, p. 109 *sq.*, *Nous n'avons jamais été modernes, op. cit.*, p. 44-46, p. 52-53, p. 62-63, p. 196-197, « Esquisse d'un parlement des choses », *Écologie politique*, 1994, n° 10, p. 97-115, *Le métier de chercheur. Regard d'un anthropologue*, Paris, Inra Éditions, 2001, p. 60-61.

facilité avec laquelle il est possible de substituer les uns aux autres des énoncés de provenance différente. On aura beau jeu, de ce point de vue, de souligner que le mot bien connu d'Ulrich Beck selon lequel « la pénurie est hiérarchique, le smog est démocratique [1] » offre un étrange écho aux déclarations angoissées de ceux qui indiquent qu'une déflagration atomique aurait pour effet d'exposer l'humanité tout entière aux risques d'une radioactivité qui ne s'arrête pas aux frontières et ne fait pas de distinction entre les pauvres et les riches. De quoi parle-t-on exactement lorsqu'on décrit le « royaume des ombres » que constituent toxiques et polluants, « avec sa causalité latente imperceptible et pourtant omniprésente » à laquelle « les hommes sont quasiment livrés pieds et poings liés » quoi qu'ils fassent, où qu'ils soient, à domicile comme à l'étranger, « et partir loin est tout aussi inefficace que manger du muesli, car ils nous attendent aussi à notre arrivée, et sont aussi cachés dans nos céréales [2] » – de quoi est-il question, donc, si ce n'est de cette exposition globale au risque qui unifie l'humanité et compromet son avenir ?

Plus avant, la logique du pire que l'on a vue à l'œuvre sous la plume de Karl Jaspers et de Günther Anders n'anticipe-t-elle pas dans ses grandes lignes celle qui sera expressément revendiquée par Hans Jonas sous le nom d'« heuristique de la peur », dans le cadre d'un projet qui vise à élaborer une « éthique pour la civilisation technologique » en prenant expressément en compte cette fois-ci la dimension écologique

---

1. U. Beck, *La société du risque, op. cit.*, p. 65.
2. *Ibid.*, p. 132-133.

des problèmes examinés [1] ? De la même manière que la peur est censée pour Jaspers mener à la « raison lucide » et « éclairer l'exigence qui résulte pour l'homme de sa véritable nature » en le poussant à s'opposer à la « marche à la catastrophe [2] », de même la conscience du péril est censée pour Jonas nous apprendre « par la révolte du sentiment qui devance le savoir » à voir la valeur de ce qui menace de disparaître ou d'être déformé et qui demande à être préservé, en vertu du principe selon lequel « nous savons seulement *ce qui* est en jeu lorsque nous savons *que* cela est en jeu [3] » ?

A-t-on suffisamment remarqué, de manière plus générale, que Hans Jonas est le premier à indiquer l'existence de la filiation que nous nous efforçons d'établir dans les textes où il évoque à son tour « l'ombre de la Bombe [4] », et plus encore dans les textes de style plus autobiographique où « l'impact que toute la technique de l'humanité d'aujourd'hui exerce sur l'environnement naturel » est mentionné au terme d'un long développement qui s'ouvre par l'évocation d'Hiroshima et de « la course aux armements atomiques [5] » ?

---

1. H. Jonas, *Le principe responsabilité. Une éthique pour la civilisation technologique* (1979), trad. fr. J. Greisch, Paris, Le Cerf, 1990. L'expression de « logique du pire » se lit presque textuellement chez Jaspers, *La bombe atomique et l'avenir de l'homme, op. cit.*, p. 307, et chez Russell, *Collected papers, op. cit.*, p. 319.

2. K. Kaspers, *La bombe atomique et l'avenir de l'homme, op. cit.*, p. 658-660.

3. H. Jonas, *Le principe de responsabilité, op. cit.*, p. 66.

4. H. Jonas, *Entre le néant et l'éternité*, trad. fr. S. Courtine-Denamy, Paris, Belin, 1996, p. 128. Le texte d'où est issue cette expression date de 1962.

5. H. Jonas, *Pour une éthique du futur* (1992), trad. fr. S. Cornille et Ph. Ivernel, Paris, Rivages, 1998, p. 49-52.

Le problème que posent de telles analogies est bien entendu de savoir s'il est possible de traiter convenablement des problèmes différents à l'intérieur d'un seul et même cadre d'analyse. La difficulté s'accroît encore davantage lorsqu'on s'aperçoit que les questions proprement environnementales ne sont pas seulement absentes du cadre de réflexion dans lequel les risques de la technologie du nucléaire ont été examinés, mais qu'elles en sont véritablement exclues. En effet, la vie qu'il s'agit de préserver est, de façon on ne peut plus explicite chez tous les auteurs consultés, celle de l'humanité et aucune autre. « En faveur de la thèse, qu'en aucune circonstance la bombe atomique ne doit entrer en action », écrit par exemple Karl Jaspers, « on peut alléguer cet argument de poids : si ce devait être la destruction de tous les hommes et de la vie en général, on ne peut admettre une guerre atomique » – avant de préciser immédiatement, en dissipant toute ambiguïté : « car tout acte sensé suppose que la vie subsiste, non pas ma vie, pas même la vie de mon peuple, mais la *vie humaine*[1]. » Le meurtre de toute vie sur la surface de la terre *en y incluant celle des animaux et des végétaux* qui est parfois évoqué par Jaspers ou par Russell, doit être compris dans la perspective de la méthode hyperbolique dont nous avons parlé précédemment, et ne signifie nullement que le risque auquel serait exposée une autre forme de vie que celle de l'espèce humaine soit pris en considération pour lui-même[2].

---

1. K. Jaspers, *La bombe atomique et l'avenir de l'homme*, *op. cit.*, p. 304. Nous soulignons.

2. Voir par exemple chez Jaspers, *ibid.*, p. 22 et p. 336, et chez Russell, cette phrase prise dans « Man's Peril » où il est fait mention du meurtre de toute vie « même animale », *Collected Papers*, vol. 28, *op. cit.*, p. 89. Jaspers

Il faut noter également que les solutions politiques qui sont proposées se traduisent toutes par une réorganisation des relations *interhumaines*, sans avoir le moindre égard pour les êtres non humains, à l'endroit desquels il ne semble pas que nous ayons une quelconque obligation. Ainsi, écrit Karl Jaspers, « quand chaque peuple doit avoir recours à tous les peuples s'il veut rester lui-même en vie, les *droits de l'homme* deviennent le préalable de ce salut lui-même, parce que par eux seulement peut naître une confiance mutuelle qui les lie[1]. »

Il y a fort à parier, par conséquent, que celui qui acceptera de reprendre à son compte, sans critique préalable, une problématique aussi manifestement anthropocentrée, et qui ne sera disposé à voir entre la crise environnementale et la bombe sur Hiroshima que la différence qu'il y a entre une « apocalypse rampante » et une « apocalypse brusque et brutale[2] », aura bien du mal à penser dans toute leur radicalité les questions que pose la crise écologique. De fait, il n'est pas sûr que *Le principe responsabilité* lui-même puisse réellement échapper au soupçon d'anthropocentrisme[3].

consacre même plusieurs pages à expliquer que le respect de la vie en tant que telle n'a guère de sens, sauf à entendre par là « le fait merveilleux que constitue [...] l'inviolabilité de la personne humaine dans la communauté politique », *ibid.*, p. 663 *sq.*

1. K. Jaspers, *La bombe atomique et l'avenir de l'homme, op. cit.*, p. 73. Nous soulignons.

2. Selon les mots de H. Jonas lors de son entretien avec J. Greisch, « De la gnose au *Principe responsabilité* », *op. cit.*, p. 11.

3. La lecture critique qui suit doit beaucoup à la thèse de doctorat, malheureusement encore inédite, de C. Foppa, Le principe responsabilité *de Hans Jonas. Fondements pour une hypothèse concernant l'émergence de l'éthique*

L'homme, premier et unique objet du devoir

À première vue, il semblerait pourtant que pareil soupçon soit singulièrement injustifié concernant une œuvre qu'inspire un rejet constant de l'anthropocentrisme et qui reconnaît la communauté de destin de l'homme et de la nature. Jonas n'écrit-il pas que l'éthique dont il forme le projet « ne peut plus s'arrêter à l'anthropocentrisme brutal qui caractérise l'éthique traditionnelle, en particulier l'éthique grecque-juive-chrétienne de l'Occident[1] », et qu'il convient d'élargir la responsabilité à la nature, en y incluant non seulement l'ensemble des vivants, mais encore le règne végétal et les ensembles écosystémiques ? Ne déclare-t-il pas que « la solidarité de destin entre l'homme et la nature [...] nous fait [...] redécouvrir la dignité autonome de la nature et nous commande de respecter son intégrité par-delà l'aspect utilitaire[2] » ? N'est-il pas l'auteur de telle page superbe, que les défenseurs les plus radicaux de la cause animale n'hésiteraient pas à contresigner, dans laquelle Jonas dénonce dans l'élevage intensif « l'avilissement ultime d'organismes doués de sens, capables de mouvement, sensibles et pleins d'énergie vitale, réduits à l'état de machine à pondre et de machines à viande,

---

au fil de l'évolution, Université de Laval (Québec), 1993. Le reproche d'anthropocentrisme résiduel nous semble également pouvoir être adressé à la philosophie de Bruno Latour, comme nous essaierons de le montrer dans la seconde partie de cet essai.

1. H. Jonas, *Le principe responsabilité, op. cit.*, p. 99. Voir aussi p. 27.

2. *Ibid.*, p. 263. C'est la doctrine de « l'appel muet » ou du « cri même des choses muettes » nous appelant à préserver leur intégrité, à laquelle Jonas fait parfois allusion sans jamais la développer : voir *Le principe responsabilité*, p. 35, voir aussi *Souvenirs* (2003), trad. fr. S. Cornille et Ph. Ivernel, Paris, Rivages, 2005, p. 309.

privés d'environnement, enfermés à vie, artificiellement éclairés, alimentés automatiquement [1] » ?

Et pourtant, dans le texte même où Jonas proclame la nécessité de mettre fin à l'anthropocentrisme brutal de la tradition occidentale, on le voit se contredire étrangement, ou du moins limiter étroitement la portée révolutionnaire d'une telle déclaration, en écrivant que « pour autant que l'ultime pôle de référence qui fait de l'intérêt pour la conservation de la nature un intérêt *moral* est le destin de l'*homme* en tant qu'il dépend de l'état de la nature, l'orientation anthropocentrique de la morale classique est encore conservée ici [2] ».

Si, de manière ultime, l'impératif de responsabilité entend mettre à l'abri « l'image de l'homme », alors nous n'avons d'obligation à l'endroit de la nature qu'en tant que le processus évolutif s'est montré capable de déboucher sur l'*Homo sapiens*, c'est-à-dire dans la stricte mesure où notre destin coïncide avec le sien. Si l'être qui nous a produits a le droit d'exiger que ses créatures ne détruisent pas la création comme telle, c'est précisément *parce qu'elle nous a* produits, en sorte que l'impératif inconditionnel revient ni plus ni moins à rendre moralement contraignant le respect des conditions générales de la survie de l'humanité. « On veut seulement dire par là » conclut à juste titre Paul Ricœur, « que l'intérêt de l'homme coïncide avec celui du reste des vivants et celui de la nature entière en tant qu'elle est notre patrie terrestre [3] », ce qui n'est pas exactement la même chose que de fonder une éthique de la

1. H. Jonas, *Le principe responsabilité*, *op. cit.*, p. 400.
2. *Ibid.*, p. 32.
3. P. Ricœur, « La responsabilité et la fragilité de la vie. Éthique et philosophie de la vie chez Hans Jonas », *Le Messager Européen*, 1991, n° 5, p. 215.

nature qui revendique la protection de « la plénitude de vie produite pendant le long travail créateur de la nature […] pour son propre bien [1] ».

Il ne suffit donc pas de dire, comme le fait à l'occasion Hans Jonas, que l'homme, parce qu'« en lui le principe de la finalité a atteint son point culminant et en même temps le point qui le menace lui-même en vertu de la liberté de s'assigner des fins et du pouvoir de les exécuter », – que l'homme, donc, devient pour lui-même « le premier objet du devoir [2] », il faut dire qu'il est à lui-même le *seul* véritable objet du devoir, car, pour le reste, « la nature prend soin d'elle-même et n'a que faire de notre approbation et de notre approbation évaluative [3] ».

On dira que la rupture des équilibres naturels que provoquent les interventions humaines fait que justement la nature ne peut plus prendre soin d'elle-même, raison pour laquelle elle doit devenir un objet de préoccupation morale, mais aussi étonnant que cela puisse paraître, Hans Jonas semble parfois être le premier à douter que notre pouvoir causal puisse franchir les limites que la nature pose elle-même. Ce passage proprement stupéfiant du *Principe responsabilité* vaut d'être lu de près. Hans Jonas note tout d'abord que la question de savoir si le monde doit être ou ne pas être, toute légitime qu'elle puisse être d'un point de vue spéculatif, n'a en fait pas grand sens dans la mesure où la réponse – positive ou négative – est sans conséquences : « Le monde existe déjà et continue à le faire », écrit Hans Jonas, « son existence n'est pas

---

1. H. Jonas, *Le principe responsabilité*, *op. cit.*, p. 261. Voir aussi p. 34.
2. *Ibid.* p. 249.
3. *Ibid.* p. 254.

en danger. » Et il ajoute, de façon décisive : et même si son existence était en danger, « nous ne pourrions rien y faire ». En effet, il importe de ne pas confondre la question de savoir si le monde, tel qu'il existe par soi-même et en totale indépendance de nous, doit être ou ne pas être, avec la question de savoir si le monde doit être plutôt de cette façon ou de cette autre, plutôt ainsi et ainsi. Ce n'est que dans ce dernier cas qu'il y a « de l'espace pour une collaboration de notre part et donc également pour une responsabilité », car « cela nous renvoie au domaine plus étroit de la causalité humaine » ; en revanche, le devoir-être du monde en tant que tel peut sans doute importer à notre conscience métaphysique, laquelle trouvera là un thème de méditation inépuisable, *mais non à notre responsabilité* ». « Pour l'essentiel », conclut Hans Jonas, « la nature prend soin d'elle-même et n'a que faire de notre approbation ou de notre désapprobation évaluative. » L'obligation que l'on peut se reconnaître de la secourir en ceci ou en cela est « anonyme » et « dépourvue de l'urgence de l'instant », car « ce qui subsiste par sa propre force – le monde tel qu'il est – peut attendre au-delà des nécessités présentes de l'homme et en règle générale il maintient lui-même ouverte la chance que son être reçoive "tôt ou tard" un soutien contre le pire [1] ».

Quelle bien être la portée écologique d'une « éthique pour la civilisation technologique » qui commence par exclure du domaine de la responsabilité « le monde tel qu'il est », en décrétant que, quoi qu'il advienne, la nature finira bien par recouvrir ses droits ? Peut-on encore parler d'une « éthique de la nature » si, comme il semble que ce soit le cas, l'on estime

---

1. H. Jonas, *Le principe responsabilité*, *op. cit.*, p. 253-254. Nous soulignons.

que les problèmes environnementaux n'ont pas à être posés sur le terrain de la moralité ?

L'ÉTHIQUE ENVIRONNEMENTALE ANGLO-AMÉRICAINE

Ce qui nous semble faire échouer la tentative de Hans Jonas ne tient pas seulement à l'absence de remise en question de l'anthropocentrisme des valeurs qu'il hérite de la réflexion conduite par ses prédécesseurs sur le thème du péril nucléaire. Par implication, il apparaît à l'examen que la nature et les causes profondes de la crise écologique à laquelle nous sommes confrontés restent, dans ce cadre de pensée, insuffisamment interrogées.

En quel sens en effet peut-on parler de « crise » environnementale ? Il y a « crise », dira-t-on, d'abord et avant tout en ce sens où les interventions humaines dans la nature ont atteint un *point critique*, en engendrant une série de perturbations qui défient les possibilités de reconstitution des stocks naturels et de restauration des équilibres écosystémiques. En faisant apparaître la nature comme un objet fragile et vulnérable dont le contrôle ne semble plus pouvoir être assuré par le capitalisme prédateur que la révolution industrielle a porté à son point d'accomplissement, la « crise » a par là même rendu inéluctable la *critique* de la société libérale en ses modes d'administration politique et économique. Sous l'une et l'autre formes, la « crise » a eu pour effet de modifier le regard que nous portons sur notre environnement naturel, lequel a commencé à être tenu pour une ressource rare dont le coût de rénovation doit être internalisé dans les calculs économiques, et dont la protection doit être garantie par les techniques rationnelles de gestion des ressources propres au management moderne.

Cette approche gestionnaire – qui n'est au reste nullement exclusive d'autres types d'approche plus sensibles à ce qu'il y a de proprement insubstituable dans la nature, à tout ce qui n'est pas susceptible d'être traduit en termes de valeurs économiques[1] –, ne présuppose-t-elle pas que le cadre général de nos relations à la nature, quoique mal délimité, reste pour le fond adéquat ? La position qui consiste à situer le danger dans l'activité humaine, et qui par là pense pouvoir résoudre tous les problèmes en modifiant cette activité à la lumière de principes rationnels et scientifiques, n'élude-t-elle pas à bon compte toute réflexion sur les *principes* et les *motifs* des rapports que nous soutenons avec la nature ?

Le paradoxe veut en effet qu'en dépit de la gravité des risques d'atteinte à l'environnement liés à la contamination des sols, à la désertification ou au réchauffement climatique, un consensus paisible ait pu s'établir pour faire respecter ce que nous serions enclins à appeler un statu quo moral. De quoi

---

1. Nul doute, par exemple, que l'érosion de la biodiversité apparaisse universellement au moins autant comme une menace d'appauvrissement des stocks génétiques de cultigènes ou d'espèces sauvages susceptibles d'être utiles à l'homme, que comme un appauvrissement intrinsèque de la diversité du monde. L'arrêt rendu récemment par la 11e Chambre correctionnelle de grande instance de Paris condamnant la société Total à titre pénal et civil à verser des dommages et intérêts aux parties civiles du procès de l'Erika pour «préjudice écologique», nous semble aller dans le même sens en ce qu'il refuse d'évaluer ledit préjudice en fonction des seule pertes d'aménité (correspondant à la valeur d'usage de l'environnement), et exige que compte soit tenu de la perte environnementale «pure» (correspondant à valeur de non usage ou valeur d'existence). Voir sur cet arrêt de justice *Le Monde* en date du vendredi 18 janvier 2008.

est-il question dans nos politiques environnementales si ce n'est des risques potentiels qu'engendre l'usage des techniques, des responsabilités que les êtres humains ont les uns à l'endroit des autres, ainsi que des retombées de leurs actions sur eux-mêmes ou sur les générations futures? De quoi est-il question, autrement dit, si ce n'est encore et toujours des relations que les hommes nouent entre eux, *comme si le geste d'exclusion des entités du monde naturel hors du domaine de moralité ne constituait pas précisément le nœud du problème de la crise écologique*?

L'ensemble de questions qu'il convient de poser, et qui permet de donner un premier aperçu du programme que se fixe l'éthique environnementale anglo-américaine, peut dès lors s'énoncer de la manière suivante : quels sont les critères que doit satisfaire un être ou une entité pour pouvoir faire l'objet d'une considération morale? Comment justifier que la plupart des critères de considérabilité mis en place dans l'histoire de la philosophie morale aient pu opérer, pour ainsi dire, pour le seul profit des êtres humains – mieux : des seuls êtres humains d'âge adulte en pleine possession de leurs capacités intellectuelles? N'existe-t-il aucun lien entre la disqualification morale des entités du monde naturel et le rapport d'exploitation auquel les êtres humains soumettent les ressources de leur environnement?

Les racines culturelles de la crise écologique

L'une des convictions que partagent bon nombre d'éthiciens de l'environnement est qu'il est nécessaire d'interroger explicitement les modalités générales du rapport à la nature tel qu'il a été pensé par la tradition philosophique, morale, scientifique et religieuse occidentale, si bien qu'il ne nous soit plus possible de puiser sereinement dans cette tradition les éléments permettant de fournir une solution aux problèmes écologiques auxquels nous sommes confrontés, dans la mesure où, par hypothèse, cette tradition fait désormais elle-même partie du problème.

Cette mise en cause massive de l'ensemble de la tradition occidentale considérée de telle façon que les phénomènes de crise paraissent résulter de ce qui lui est le plus propre, est sans doute ce qui définit le mieux l'exacte portée du questionnement en éthique environnementale, et ce qui justifie sa prétention de conduire une enquête en profondeur sur les racines culturelles de la conjoncture contemporaine dans la mesure où ce qui est entré en crise est jugé être autrement plus radical et plus ancien que le seul mode de production capitaliste ou que le consumérisme propre à la manière de vivre des Occidentaux.

Le mérite d'avoir ouvert pareil champ d'investigation, conduisant bien au-delà du seul compte rendu des symptômes de la dégradation environnementale en direction d'une analyse des causes sous-jacentes, revient incontestablement à l'historien Lynn White jr., dans un article remarquable publié en 1967 dans la prestigieuse revue *Science* sous le titre de « Les racines historiques de notre crise écologique »[1]. Selon cet auteur, les prémices de la crise écologique doivent être cherchées, ni plus ni moins, dans la victoire que le christianisme a remportée sur le paganisme, dans laquelle il convient

---

1. Lynn White Jr., « The Historical Roots of Our Ecological Crisis », *Science*, 1967, p. 1203-1207, trad. fr. J. Morizot, dans J.-Y Goffi, *Le philosophe et les animaux. Du statut éthique de l'animal*, Nîmes, J. Chambon, 1994, p. 291-309. L'article a suscité une avalanche de réponses et est encore aujourd'hui très discuté.

de voir «la plus grande révolution dans l'histoire de notre culture». Deux mondes en sont venus alors à s'opposer : d'une part, le monde fondamentalement animiste de l'antiquité gréco-romaine où toutes les entités naturelles possèdent leur esprit tutélaire, obligeant celui qui projetait d'intervenir d'une façon ou d'une autre dans le cours de la nature à se concilier l'esprit des lieux et à se ménager ses bonnes grâces ; d'autre part, le monde monothéiste qu'institue le christianisme dans lequel l'exploitation de la nature peut s'effectuer dans un climat d'indifférence à l'endroit d'un environnement que les esprits et les divinités ont fui – un monde désenchanté à aménager par étapes progressives, réduit à l'état de matière inerte, offert aux manipulations des technosciences pour le seul profit des êtres humains.

Dans cette perspective, l'homme est donné comme étant l'unique bénéficiaire de la création, celui qui, en tant que tel, a le droit de soumettre la nature et de l'exploiter, toutes choses n'ayant par rapport à lui qu'une *valeur instrumentale*. Dire d'une chose qu'elle a une *valeur instrumentale* signifie exacte-ment qu'elle n'a que la valeur que lui confère l'usage que les êtres humains peuvent en avoir : à usage équivalent, rien ne distingue une chose d'une autre, elles sont essentielle-ment interchangeables et ne possèdent aucune propriété qui leur conférerait une valeur incomparable – une *valeur intrinsèque*[1].

---

1. S'il est indéniable que l'opposition entre valeur intrinsèque et valeur instrumentale ne constitue pas une invention propre à l'éthique environne-mentale, et que pareille distinction n'a jamais été méconnue dans l'histoire de la philosophie, l'utilisation qui en est faite dans ce champ de recherche, où elle en est venue à jouer un rôle stratégique capital, a conduit à renouveler de fond en comble la réflexion sur ce thème. Nous nous permettons de renvoyer à notre

Une morale non anthropocentrée soucieuse d'apporter des solutions à la crise écologique – une *éthique environnementale* – devra, par voie de conséquence, rompre avec cette représentation de l'homme consistant à le situer au sein d'une hiérarchie de l'être comprise comme ordre de perfection. L'homme n'est pas le rejeton choyé de la création, il est, comme le dit une formule célèbre d'Aldo Leopold, « un compagnon-voyageur des autres créatures dans l'odyssée de l'évolution [1] », dans une perspective nettement darwinienne, où la théorie de la descendance avec modification et l'image de l'arbre phylogénétique sont appelées à jouer un rôle décisif pour extirper des consciences l'idée d'une échelle des êtres.

Dès lors qu'on en vient à se considérer soi-même comme membre d'une communauté de vie avec laquelle nous avons co-évolué, le tracé des frontières de ladite communauté demande à être réexaminé. L'éthique environnementale tient sa spécificité du fait qu'elle prend au sérieux la possibilité de concevoir les êtres vivants non humains, ainsi que les composantes abiotiques du milieu naturel, comme des *patients moraux*, c'est-à-dire comme des êtres susceptibles d'être présentés comme des objets de préoccupation morale pour eux-mêmes. Il ne s'agit pas de promouvoir des comportements normatifs vis-à-vis de l'environnement non humain en fonction de la prospérité et du bien-être humain, puisque cela revient à n'attribuer de valeur à la nature qu'en fonction des

étude « Instrumental and Intrinsic Value », *Encyclopedia of Environmental Ethics and Philosophy*, J. Baird Callicott et R. Frodeman (eds.), Detroit-New York-San Francisco-New Haven-Waterville-London, Macmillan, 2008, t. 1, p. 528b-531b.

1. A. Leopold, *Almanach d'un comté des sables suivi de quelques croquis* (1949), trad. fr. A. Gibson, Paris, Flammarion, 2000, p. 145.

êtres humains et des buts qu'il s'assignent (donc une valeur instrumentale); il s'agit de prendre en compte l'environnement non humain pour lui-même en tant qu'il est digne de considération morale en lui-même, en s'opposant à la réduction des éléments composant l'environnement à de seules et uniques ressources, et en révélant la nature comme lieu de valeurs intrinsèques dont l'existence commande un certain nombre d'obligations morales.

Les fondements de l'obligation morale

Tout le problème que rencontre alors une éthique environnementale qui se donne pareil programme est de savoir, *premièrement*, comment déterminer ce qui constitue un objet de valorisation intrinsèque au sein de l'environnement naturel; *deuxièmement*, comment fonder un certain nombre d'obligations morales et, de manière plus générale, une responsabilité des hommes à l'endroit de la nature sur la reconnaissance de l'existence de valeurs naturelles intrinsèques; *troisièmement*, comment ordonner de façon hiérarchique les unes par rapport aux autres les diverses valeurs qui ont été mises au jour, ainsi que les obligations qui leur sont corrélatives.

Selon l'une des positions les plus fortes qui aient été élaborées au cours des trente dernières années en réponse à ces problèmes, à savoir celle que J. Baird Callicott défend à la suite d'Aldo Leopold sous le nom d'« écocentrisme », le système d'éthique environnementale qu'il importe de concevoir doit viser à élargir les frontières de la communauté morale de manière à y inclure « le sol, l'eau, les plantes et les animaux ou, collectivement, la terre [1] », dans la mesure où son objet, par opposition au « biocentrisme », n'est pas seulement d'assurer la survie des espèces et de prendre en charge des organismes vivants individuels, mais aussi des éléments abiotiques ou des systèmes naturels non organiques.

À cette fin, Callicott propose tout d'abord de distinguer soigneusement entre le lieu de ce qui comporte une valeur et la source de toutes les valeurs – une éthique des valeurs anthropo*génique*, pour laquelle toute valorisation procède d'une conscience humaine, n'étant pas nécessairement une éthique des valeurs anthropo*centrée* réduisant toutes les valeurs – à l'exception de celle dont sont investis les êtres humains – à des valeurs de type instrumental. La jonction de cette théorie subjectiviste de la valeur à la version de la *land ethic* que défend Callicott s'opère essentiellement au moyen de la thèse selon laquelle le bien de la communauté biotique est la mesure ultime de la valeur morale, tandis que la valeur de ses membres individuels est purement instrumentale et est fonction de la contribution qu'ils apportent au maintien de l'intégrité, de la stabilité et de la beauté de la communauté de vie, le problème étant alors de trouver la situation et le point de vue intégrateur qui permettent à la fois de ne pas rester aveugle à la pluralité des communautés au sein desquelles un agent moral est appelé à évoluer tout au long de sa vie, et de rendre commensurables les unes aux autres nos diverses obligations morales en autorisant d'exercer un arbitrage entre elles.

C'est ce à quoi prétend pouvoir enfin aboutir la théorie morale « biosociale » élaborée avec beaucoup de subtilité par notre auteur, lequel distingue trois types fondamentaux de

---

1. A. Leopold, *Almanach d'un comté des sables*, *op. cit.*, p. 258.

« communautés » – en entendant par là tout ensemble d'êtres
ou d'entités interdépendants, de la communauté filiative au
phylum en passant par le groupe coopératif et l'association
entre êtres vivants [1] – en les disposant les unes par rapport aux
autres à l'intérieur de cercles concentriques : le premier
cercle, autour duquel s'enrouleront tous les autres, correspond
à la communauté que nous formons avec les membres de
notre famille, avec nos amis, nos voisins, nos concitoyens,
nos compatriotes, nos compagnons d'humanité ; le second
correspond à la communauté que nous formons avec ces
êtres hybrides que sont les animaux de compagnie, les
animaux domestiques ou de jardins zoologiques, les animaux
d'élevage, etc., qui ne sont pas membres à proprement parler
des communautés sociales humaines, mais qui n'évoluent pas
non plus au sein d'écosystèmes naturels ; le troisième correspond à la communauté que nous formons avec un certain
nombre d'espèces animales et végétales, avec les écosystèmes
qui composent la biosphère et l'écosphère considérées dans
leur totalité.

Quelle que soit la réussite particulière de cette théorie et
de celles qui lui sont concurrentes au sein du même champ
de recherche, il est manifeste qu'elles ont toutes pour point
commun de poser les problèmes environnementaux sur *le*

1. Conformément à la définition large que donne Callicott du concept de
communauté, qui signifie à ses yeux la même chose que « groupe coopératif »
ou encore « société ». Voir J. Baird Callicott, *In Defense of the Land Ethic.
Essays in Environmental Philosophy*, Albany, SUNY Press, 1989, p. 64, p. 72,
p. 80, p. 131. Ailleurs, il explique que le concept de communauté écologique
a au mieux un sens « analogique », voire « métaphorique » : *Beyond the Land
Ethic. More Essays in Environmental Philosophy*, Albany, SUNY Press, 1999,
p. 73.

terrain de la moralité – et ce non pas en prenant appui sur le modèle de l'une des morales normatives déjà disponibles (de type déontologique, ou utilitariste, etc.) à la façon d'une éthique appliquée qui prendrait place dès lors à côté de l'éthique appliquée des affaires, de l'éthique appliquée d'entreprise, et autres éthiques d'accompagnement du développement industriel, mais en se mettant en frais d'élaborer une éthique d'un nouveau genre capable de faire droit à la situation inédite qu'ont créé les dégradations multiformes de l'environnement.

La communauté biotique comme communauté éthique

L'appréciation du sens même de l'entreprise d'une éthique environnementale ne saurait être dissociée de la compréhension du rôle central que joue la référence à l'écologie scientifique, laquelle constitue l'une des principales différences entre l'approche continentale et l'approche anglo-américaine des problèmes environnementaux. Nul concept mieux que celui de « communauté » – autour duquel ont convergé plusieurs des versions majeures d'éthique environnementale – ne le donne à voir avec plus d'évidence, en raison même de son ambiguïté : la communauté dont il est question est-elle une réalité morale, sociale, intra-humaine (au sens d'une communauté éthique), ou désigne-t-elle l'ensemble des organismes interdépendants vivant et interagissant au sein du même habitat (au sens d'une communauté biotique) [1] ?

---

1. Nous nous appuyons dans cette section sur un article inédit de C. Larrère portant sur le concept de communauté en éthique environnementale, que l'auteure a eu l'amabilité de nous communiquer.

Tout l'intérêt, et peut-être l'étrangeté, de la démarche des éthiciens de l'environnement, est de ne pas choisir entre ces deux options, et de chercher à élucider les présupposés et les implications éthiques du concept écologique et biologique de communauté – et, de manière beaucoup plus générale, de nouer avec la science écologique un dialogue extrêmement fructueux, où l'on voit circuler de part et d'autre concepts et modèles d'intelligibilité, avec une intensité qui nous paraît n'avoir d'antécédents que dans la *Naturphilosophie* des philosophes de l'Allemagne du XIXe siècle.

Une structure formelle identique autorise en effet de risquer le rapprochement entre les deux concepts de communauté : l'interdépendance fonctionnelle, comprise sur le modèle d'une coopération véritable entre les membres de la communauté. Du côté de la nature, cette interdépendance se traduit par la formation de symbioses, c'est-à-dire d'associations durables et réciproquement profitables entre organismes vivants, où la réciprocité entre les membres contribue à l'unité d'un tout qui est plus que la somme de ses parties et qui est, en tant que telle, comme l'écrivait Aldo Leopold, objet de respect[1]. Du côté de la réalité sociale, l'interdépendance se réalise au sein d'une unité où – en un sens qui fait songer à Platon – la justice n'est pas une qualité des êtres, mais une structure commune, celle d'une totalité qui assigne à chacun la place qu'il doit occuper. «De la communauté biotique à la communauté éthique», écrit Catherine Larrère, «le rapport s'établit donc à double sens. De la communauté biotique, on

---

1. «Une éthique de la terre», écrivait-il déjà au début des années 1940 dans l'*Almanach d'un comté des sables* (*op. cit.*, p. 259), «implique le respect des autres membres et aussi le respect de la communauté en tant que telle.»

découvre la dimension éthique (l'écologie est une éthique), et, de la communauté éthique, on fait une communauté biotique (on inclut la terre dans une communauté humaine) [1]. »

Un même modèle holiste permettrait ainsi de penser l'intégration des parties dans le tout, qu'il s'agisse d'espèces, de populations ou d'individus, selon des règles de subordination dont la science écologique déterminerait en dernière instance l'intelligibilité, en prescrivant les règles de conduite permettant de préserver « l'intégrité, la stabilité et la beauté de la communauté biotique [2] ».

Éthique et écologie scientifique : pour un bon usage de la nature

La force de ce modèle, comme le montrent chacun à leur manière J. Baird Callicott et les époux Larrère [3], est qu'il est parfaitement compatible avec une représentation dynamique de la structure des communautés humaines et biotiques, ainsi que des relations qu'elles peuvent être amenées à nouer ensemble. Il est en effet tout à fait possible de continuer à se référer à l'idée d'une communauté humaine intégrée sans se référer au paradigme de la division du travail de type platonicien, qui convient certainement mieux aux guildes médiévales

1. C. Larrère, « Écologisme et communauté : la communauté biotique comme communauté éthique », article inédit.

2. Selon la formule célèbre d'A. Leopold, *Almanach d'un comté des sables, op. cit.*, p. 283.

3. Voir J. Baird Callicott, « L'écologie déconstructiviste et la sociobiologie sapent-elles la *land ethic* leopoldienne ? » (1990), trad. fr. R. Larrère, dans *Les cahiers philosophiques de Strasbourg*, 2000, n° 10, p. 133-163 ; et C. et R. Larrère, *Du bon usage de la nature, op. cit.*

qu'au marché moderne diversifié en mouvement continu. De la même manière, le concept de communauté biotique n'est nullement lié à une vision statique de la nature – celle d'équilibres à protéger –, vision à laquelle la notion écologique de « climax » a pu donner une certaine consistance.

Conformément aux prescriptions qui se laissent déduire de ce type de représentation, l'objectif des politiques environnementales ne pouvait être que d'exclure les êtres humains de la nature pour permettre à celle-ci de retrouver son état d'équilibre, à la suite d'une série de successions [1].

L'étonnant dans ce modèle est que les changements globaux imputables aux activités humaines soient perçus exclusivement comme des déséquilibres ou des détériorations d'une situation antérieure meilleure, *comme si le changement ne pouvait être connoté que de façon négative*. Il aura fallu attendre le début des années 1980 pour qu'une nouvelle branche de l'écologie – l'écologie du paysage – favorise un glissement conceptuel qui a permis de concevoir d'une nouvelle façon l'organisation spatiale et la dynamique des systèmes écologiques en relation avec les communautés humaines. La notion d'« équilibre de la nature », dont les racines philosophiques sont très anciennes, a commencé alors à être réexaminée, et une vision plus dynamique de la nature a commencé à s'imposer, intégrant les perturbations comme facteurs de structuration des communautés biotiques.

---

1. Telle a été la conception dominante de la protection de la nature des deux côtés de l'Atlantique, tant que l'écologie systémique introduite par Tansley et développée par les frères Odum a servi de référence. Voir sur cette question l'article de R. Larrère, « L'écologie ou le geste d'exclusion de l'homme », dans A. Roger et F. Guéry (éds.), *Maîtres et protecteurs de la nature*, Seyssel, Champ Vallon, 1991, p. 173-196.

Dans ce cadre de pensée, la nature demande à être comprise comme ayant une histoire, comme co-évoluant avec les sociétés humaines. Les milieux naturels sont compris comme étant le produit d'une interaction complexe – celle des perturbations qu'ils ont subies dans leur interaction avec les autres milieux naturels et avec les êtres humains, formant ainsi une mosaïque d'écosystèmes où perturbations naturelles et perturbations anthropiques s'articulent les unes aux autres à l'intérieur de ce que Patrick Blandin a appelé un « écocomplexe », c'est-à-dire un « assemblage localisé d'écosystèmes interdépendants modelés par une histoire écologique et humaine commune[1] ». Plutôt donc que de considérer l'homme comme le grand perturbateur des équilibres naturels, il convient d'apprendre à le voir comme l'un des acteurs du changement pris lui-même dans un contexte général de changement.

La conséquence principale de ce dernier bouleversement épistémologique est de conférer (ou plutôt : d'imposer) une dimension éthique à l'écologie : en effet, s'il n'existe aucun état de référence donné dans la nature, si la nature n'est plus un équilibre délicatement intégré de processus, si elle est chaotique, si les perturbations humaines ne sont pas nécessairement plus néfastes pour la nature que les perturbations naturelles, alors il s'ensuit que la biodiversité et, de manière plus générale, l'organisation des systèmes écologiques peuvent être librement choisies. Comme le dit encore Patrick Blandin, « la nature ne s'imposant pas, il va falloir la désirer[2] » – non

1. P. Blandin, *De la protection de la nature au pilotage de la biodiversité*, Paris, INRA Éditions, 2009, p. 49.

2. *Ibid.*, p. 70.

pas que, sous couvert d'une écologie nouvelle qui fait la part belle à l'homme, l'on puisse justifier l'introduction dans la nature d'une intentionnalité humaine qui produirait sans reste une artificialisation des milieux[1] : il s'agit bien plutôt d'apprendre à modifier par inflexion des processus naturels et des trajectoires évolutives – d'apprendre à les *piloter*, pour reprendre le mot de Raphaël Larrère[2] – de telle sorte que nos interventions dans la nature soient à la fois bonnes pour la nature en général et bonne pour les hommes.

Le tournant métaphysique de la deep ecology

Mais quand bien même l'on admettrait que les racines culturelles de la crise écologique contemporaines sont fort anciennes, quand bien même l'on serait disposé à reconnaître qu'il est effectivement nécessaire de rompre avec les approches « superficielles » qui ne se soucient que de pollution et d'épuisement des ressources non renouvelables, il ne va cependant pas de soi que l'on s'accorde avec la manière (censément plus profonde) dont l'éthique environnementale

1. Sur ce risque qu'il ne faut ni sous-estimer ni exagérer, voir les beaux livres de J.-Cl. Génot, *Ecologiquement correct ou protection contre nature ?*, Aix-en-Provence, Edisud, 1998, *Quelle éthique pour la nature ?*, Aix-en-Provence, Edisud, 2003, *La nature malade de la gestion. La gestion de la biodiversité ou la domination de la nature*, Paris, Le Sang de la Terre, 2008, ainsi que les articles de Th. Birch et de E. Katz dans l'anthologie déjà citée des textes clés d'éthique environnementale.

2. Voir R. Larrère, « Agriculture : artificialisation ou manipulation de la nature ? », *Cosmopolitiques*, 2002, n° 1, p. 158-72, et « Quand l'écologie, science d'observation, devient science de l'action. Remarques sur le génie écologique », dans P. Marty, F.D. Vivien, J. Lepart et R. Larrère (éds.), *Les biodiversités : objets, théories, pratiques*, Paris, CNRS Éditions, 2005, p. 173-193.

entend poser le problème de la crise écologique, ni que l'on reprenne à son compte la référence insistante à la science écologique. Il ne suffit pas de dénoncer, comme le font les éthiciens de l'environnement, certaines restrictions effectuées *au sein* de l'éthique visant à exclure de la communauté morale les entités du monde naturel, il faut encore s'adresser à soi-même la même critique en interrogeant la légitimité de la restriction de la philosophie environnementale *à* une entreprise éthique.

Il n'est pas sûr, par exemple, que la position qui consiste à n'accorder de valeur aux entités du monde naturel que comme moyens des fins que poursuivent les êtres humains gagne beaucoup à être comprise à la façon d'une thèse faisant sens dans le domaine de l'éthique, et qu'il faille chercher une alternative dans l'élaboration d'une théorie de la valeur intrinsèque. Car, ce faisant, on néglige quelques-uns des aspects fondamentaux du problème pris dans son ensemble, à commencer par le fait que la représentation métaphysique d'une séparation des êtres humains d'avec la nature contribue essentiellement à définir les termes de l'opposition, en rendant ultimement possible le rapport instrumental dans lequel la nature est prise.

Par conséquent, ce n'est pas *d'abord* sur le terrain de la moralité qu'il convient de poser les problèmes environnementaux, mais bien plutôt sur celui de la métaphysique ou de l'ontologie, conformément à la proposition faite en ce sens par le fondateur de la *deep ecology* : Arne Naess [1]. Ce qui fait toute

---

1. Voir le livre majeur de A. Naess récemment traduit en français, *Écologie, communauté et style de vie*, trad. fr. Ch. Ruelle, Paris, Éditions MF, 2008. Nous nous permettons de renvoyer également à la postface que nous

la subtilité et la complexité de la philosophie de l'environnement que défend ce dernier tient à ce qu'elle reprend à son compte l'idée selon laquelle la crise écologique a la signification d'une crise des systèmes de moralité, tout en contestant le bien fondé et l'efficacité de l'entreprise qui vise à modifier les modalités de la vie morale en en reformulant directement les principes fondamentaux – comme si le choix pratique pouvait être le fruit d'une délibération consciente, une manière de peser le pour et le contre, le simple résultat de l'application au cas par cas d'un critère ultime de ce qui est bien et de ce qui est mal. Il convient au contraire, selon Naess, de travailler à modifier le système d'idées proprement métaphysique qui détermine la place que les êtres humains sont censés occuper au sein de la nature, de sorte à modifier aussi, comme par la bande, la façon dont ils s'y comportent.

En ce sens, l'on pourrait dire que si un tel projet ne relève plus de l'éthique environnementale, c'est d'abord et avant tout pour cette raison fort simple qu'il n'y est nullement question d'« environnement », mais plutôt de « milieu ». Aux yeux des théoriciens de la *deep ecology*, le défaut irréparable du terme même d'« environnement » est qu'il est indissociable de l'idée de quelque chose qui « environne » un sujet supposé central, alors qu'il importe précisément de réussir à penser l'*indistinction* entre les êtres humains et la nature – une sorte de continuité fondamentale entre tout est qui est, un plan d'immanence radicale que Arne Naess désigne sous le nom de « champ relationnel ».

avons rédigée pour cette édition, où nous proposons une présentation plus détaillée des fondements de la *deep ecology* de Naess et un examen des diverses critiques qui lui ont été adressées dans les pays anglo-saxons.

Au rebours de toutes nos habitudes de pensée qui nous inclinent à découper en permanence le tissu de l'expérience en unités séparées, à isoler ici un «objet», là bas un «sujet», ici du «vivant», là bas de l'«inerte», etc., en les reliant les uns aux autres de façon accidentelle et contingente au sein d'un vaste réseau dont le mode d'être est celui d'un simple épiphénomène, Arne Naess défend l'idée que rien n'existe de manière séparée, qu'une chose n'existe qu'en vertu des relations qu'elle soutient avec le milieu dans lequel elle est plongée. Il n'existe qu'un seul monde, sans division, peuplé de termes relatifs les uns aux autres, où la relation spécifique que les êtres humains nouent avec leur milieu prend place au sein d'un vaste réseau de relations constitutives de ce milieu même.

De ce monde, la métaphysique que avons héritée du XVIIe siècle (et qui est depuis passée dans les mœurs) a fini par nous faire perdre l'intelligence, parce que nous avons appris à distinguer entre, d'une part, ce que les choses sont en elles-mêmes et qui est susceptible d'être mathématisé (soit leur grandeur, leur forme, leur vitesse, etc.), et, d'autre part, ce dont un sujet fait l'expérience à leur contact comme étant leurs déterminations sensibles (soit leur couleur, leur chaleur, leur odeur, etc.), lesquelles sont réputées ne pas exister en tant qu'elles dépendent de l'appareil de perception des êtres humains. Pareille doctrine des qualités premières et secondes des choses, aux yeux de Arne Naess, met littéralement le monde sens dessus dessous, en donnant pour réel ce qui n'est en vérité qu'une pure construction intellectuelle, et en conférant un caractère phantasmatique à l'épreuve sensible que font les êtres humains du milieu au sein duquel ils évoluent. La géométrie du monde n'est pas dans le monde, mais les qualités sensibles sont réelles précisément parce que ce sont des propriétés relationnelles, qui émergent de la rencontre entre un « sujet » et un « objet »[1].

La métaphysique de la *deep ecology* entreprend de manière générale d'attribuer un statut de réalité aux propriétés relationnelles de tous genres et de tous ordres (des qualités sensibles aux jugements de valeurs que nous prononçons au sujet des choses, lesquels sont réels en ce sens où les valeurs ne sont pas indépendantes de l'objet qui est évalué), au nom de l'axiome selon lequel tout ce qui est de l'ordre de la relation ou du processus détermine comme tel une position d'existence.

Quel bénéfice peut-on espérer tirer de ce genre de spéculation pour l'élaboration concrète d'une philosophie de l'environnement? À en croire Naess, pour peu que l'on parvienne à montrer qu'il n'existe aucune rupture entre la manière dont nous expérimentons le monde et ce qu'il est véritablement, on aura du même coup donné à comprendre toute atteinte portée contre le monde comme une atteinte portée contre soi-même, puisque le geste qui consiste à détruire la nature a pour conséquence immédiate d'appauvrir l'expérience que nous en faisons, de déchirer le tissu même de l'expérience. Moins il y a de choses dont nous pouvons faire l'expérience dans leur diversité et dans la multiplicité des qualités qui sont les leurs, et plus notre propre vie se rabougrit, se recroqueville, pour ainsi dire, comme un escargot dans sa coquille, *parce qu'il n'y a plus de dehors*. Le projet de Naess est de parvenir à lier la protection de la nature, dans la diversité de ses composantes, à l'accomplissement de soi, à ce

1. Voir A. Naess, « The World of Concrete Contents » (1985), repris dans A. Naess, *Ecology of Wisdom. Writings by Arne Naess*, A. Drengson et B. Devall (eds.), Berkeley, Counterpoint, 2008, p. 70-80.

qu'il appelle la «réalisation de Soi». Les êtres humains sont d'autant plus tout ce qu'ils peuvent être que la nature s'épanouit dans la richesse inépuisable de ses composantes. En élargissant le «champ relationnel» d'expériences, en faisant en sorte que les relations se croisent, se prolongent et s'interpénètrent, l'on s'engage simultanément à porter la nature à son plus haut degré d'épanouissement, et à donner à sa propre vie la forme la plus accomplie dont elle est capable.

Pour un pragmatisme écologique

Mais le revers de l'attitude, commune aux éthiciens de l'environnement et des partisans de la *deep ecology*, qui revendique le droit de surplomber de très haut les problèmes environnementaux est bien sûr qu'elle s'expose à ne pouvoir fournir aucun schéma rationnel d'aide à la décision, et donc de n'être que très médiocrement utile en esquissant des lignes d'action qui menacent de se perdre dans les ténèbres d'une métaphysique inappropriée aux fins d'une politique environnementale.

Tel semble être le prix à payer de la primauté que la *deep ecology* accorde à l'élaboration d'une ontologie par rapport aux questions d'ordre éthique ou politique. Même si l'on admet la vérité de la thèse selon laquelle le pillage généralisé auquel la terre a été soumise depuis des siècles est la conséquence rigoureuse d'une détermination métaphysique réduisant le monde à l'état de matière inerte, offert comme tel aux manipulations des technosciences, l'on peine à voir de quelle manière un nouveau rapport à la nature, plus soucieux de laisser toutes choses «reposer en elles-mêmes» et «s'épanouir à partir d'elles-mêmes», permettra de démêler concrètement l'écheveau complexe des situations où «laisser être» et «laisser s'épanouir» ne signifient rien du tout, ou ne constituent pas une solution envisageable.

La hauteur de vue des penseurs de l'éthique environnementale et de la *deep ecology* risque, dans telles conditions, de confiner à l'aveuglement, alors même qu'ils prétendent avoir soumis à un questionnement approfondi la crise environnementale en la reconduisant à ses conditions ultimes de possibilité. À trop vouloir se définir elle-même par la seule référence à une entreprise métaphysique ou au projet d'une éthique de la valeur intrinsèque, il y a fort à craindre que cette approche s'enferme dans des débats proprement idéologiques en se rendant politiquement stérile et inefficace.

Comme le fait remarquer Bryan G. Norton[1], qui est le principal théoricien de ce que l'on appelle outre-Atlantique le pragmatisme écologique, la tâche d'évaluer des projets concurrents, d'arbitrer entre des valeurs en conflit est déjà suffisamment complexe pour qu'on ne rajoute pas une obscurité philosophique supplémentaire. De là le refus de ceux qui se rattachent au courant de pensée pragmatiste de prendre position au sein de la querelle qui oppose les partisans d'une éthique anthropocentriste à ceux d'une éthique non anthropocentriste. En effet, les prises de position de principe comptent moins en matière d'environnement que l'élaboration de schémas rationnels d'aide à la décision permettant aux diffé-

---

1. B.G. Norton, *Toward Unity Among Environmentalists*, Oxford, Oxford UP, 1991, et dernièrement *Sustainability. A Philosophy of Adaptive Ecosystem Management*, Chicago, University of Chicago Press, 2005. Pour une présentation plus détaillée des travaux de cet auteur, nous nous permettons de renvoyer à notre étude «The Transformative Value of Ecological Pragmatism: An Introduction to the Work of Bryan G. Norton», *Sapiens*, 2008, n° 1, p. 73-79.

rents acteurs de s'entendre sur ce qui doit être fait, en déterminant concrètement les mesures politiques qu'il convient de
mettre en œuvre. En ce sens, rien n'est pire que les querelles
intestines entre anthropocentristes et non anthropocentristes,
humanistes et écocentristes, etc., parce que ces querelles
divisent entre eux les éthiciens de l'environnement et
paralysent leur action concertée et efficace.

Si l'invocation exclusive du concept de valeur intrinsèque
menace de se montrer contre-productive, il se peut qu'il soit
bien plus utile d'élaborer un anthropocentrisme éclairé, élargi,
prudentiel, qui proposerait une vision plus large des intérêts
que les hommes peuvent avoir à préserver la nature. Ainsi, on
ne remarque peut-être pas assez que la satisfaction des intérêts
humains n'implique pas nécessairement la destruction sans
retour de l'objet désiré, et qu'il importe de distinguer, sous ce
rapport, entre une utilité qui se satisfait dans la consommation
immédiate des biens de la nature (matières premières, produits
agricoles, etc.), et une utilité qui suppose la conservation de
l'objet utile en tant que la conservation est une condition de la
satisfaction des intérêts humains (il en va ainsi de l'ensemble
des services écologiques fournis par la nature en l'absence
desquels nous n'aurions très rapidement plus aucun accès aux
biens de consommation).

Plus largement, la nature, loin de se réduire à n'être qu'un
réservoir de matières premières ou une poubelle à ciel ouvert
pour nos déchets, peut revêtir un intérêt esthétique, moral,
spirituel ou scientifique au regard des êtres humains, et dans ce
cas la satisfaction qu'elle procure exige que l'objet reste intact
parce que la satisfaction est en quelque façon inséparable de
l'objet, au point de lui être inhérente – moyennant quoi il est
possible de donner une signification, pour ainsi dire, pédago-

gique (et non plus métaphysique) au concept de valeur intrinsèque, dans la mesure où les objets de la satisfaction sont considérés comme n'étant pas indéfiniment substituables les uns aux autres.

Il s'agirait donc moins, dans la perspective d'une théorie écologique d'inspiration pragmatique, de faire l'économie du concept de valeur intrinsèque, que de prendre acte de la pluralité essentielle des valeurs naturelles et de les situer dans une sorte de continuum, s'étirant des valeurs de la société de consommation à des valeurs esthétiques, spirituelles, intrinsèques, etc.

Dans de telles conditions, la tâche de l'environnementaliste, au moment d'entrer dans l'arène publique, devra être de définir un programme de politique environnementale qui permette la meilleure intégration harmonieuse de la gamme entière des valeurs naturelles. La conviction de Norton, sur ce point, est que des programmes de protection de la nature sont parfaitement justifiables du point de vue d'une conception suffisamment large de la valeur instrumentale anthropocentrique – et mieux encore : que ce dernier point de vue a une indéniable supériorité pratique, d'une part parce qu'il est le mode de justification le plus répandu chez les environnementalistes, et constitue à ce titre un espace d'interlocution immédiatement commun au sein duquel le débat pourra s'engager, et d'autre part parce qu'en neutralisant la controverse axiologique entre valeur intrinsèque et utilité humaine, il permet de laisser à la subjectivité de chacun le choix en faveur de telle ou telle option philosophique, et donc de déplacer le débat sur le terrain des modalités rationnelles d'action environnementale.

L'échelle humaine des valeurs et l'échelle des valeurs humaines[1]

Se pourrait-il alors qu'au terme d'une improbable circonvolution la réflexion que nous avons proposée nous ramène dans le giron de l'anthropocentrisme – d'un anthropocentrisme à l'autre ?

Mais une pensée de l'homme qui interdit de poser la question de la considérabilité morale des entités du monde naturel n'est pas la même que celle qui reconnaît à cette question une pertinence, et qui considère simplement que les jugements que nous formons en cette affaire ne consistent certainement pas à estimer la valeur des diverses formes d'existence du point de vue de l'univers, ou du point de vue des dieux que nous ne sommes pas[2]. Les êtres qui s'interrogent en ces termes sont – *et ne sont rien d'autre que* – des êtres humains soucieux de savoir comment ils doivent penser et agir. Nos théories morales ne peuvent être fondées que sur ce que nous savons et sur ce dont nous nous soucions – ou devrions nous soucier. Si cette caractéristique a pour effet

---

1. Le titre fait allusion à la belle phrase de D. Wiggins : « L'échelle humaine des valeurs n'est en aucune façon une échelle des valeurs humaines ». Voir D. Wiggins, « Nature, Respect for Nature and the Human Scale of Values », *Proceedings of the Aristotelian Society*, 2000, n° 100, p. 16, cité par D. Jamieson, *Ethics and the Environment. An Introduction*, Cambridge, Cambridge University Press, 2008, p. 155.

2. M.A. Warren défend une thèse analogue dans *Moral Status. Obligations to Persons and Other Living Things*, Oxford, Oxford UP, 1997. Voir aussi M. Midgley, « The End of Anthropocentrism? », dans R. Attfield and A. Belsey (eds.), *Philosophy and the Natural Environment*, Cambridge, Cambridge UP, 1994, p. 103-112, et T. Hayward, « Anthropocenrtism : A Misunderstood Problem », *Environmental Values*, 1997, n° 1, p. 49-63.

de rendre nos théories anthropocentriques, alors cette forme d'anthropocentrisme est inévitable dans toutes les théories morales qui cherchent à guider les actions humaines, mais cela ne signifie pas pour autant qu'il faille refermer le cercle de la communauté morale sur les seuls êtres humains, ni considérer comme acquis le fait qu'il n'y ait d'autres valeurs que celles que nous attribuons à nos propres activités ou celles que nous reconnaissons à la poursuite des processus naturels.

Rien n'oblige à penser que l'appréciation des choses, au motif qu'elle est une appréciation humaine, ne peut être exprimée qu'en termes économiques, consistant à conférer aux entités du monde naturel un prix et à leur dénier toute dignité. De la même manière qu'il est possible de considérer que nous devons plus aux autres êtres humains qu'à une bactérie sans s'exposer au reproche de chauvinisme humain rampant, de même il est possible d'attribuer au monde naturel toute une gamme de valeurs irréductibles à la seule valeur marchande sans avoir à chercher au-delà de l'humain. « Le choix n'est pas entre l'homme et la nature », écrit en ce sens Catherine Larrère, « mais entre un monde uniforme, modelé aux seuls intérêts économiques, et un monde divers, laissant place à la pluralité des aspirations humaines comme à la pluralité des vivants. » Et de conclure par une formule que nous faisons volontiers nôtre : « Le monde uniforme est anthropocentrique, il n'est pas certain qu'il soit humaniste. À tout mesurer à l'aune de l'humain, on risque de ne plus mesurer qu'une partie de l'humain [1]. »

---

1. C. Larrère, « Questions d'éthique environnementale », *Les grands dossiers des sciences humaines*, 2006, n° 2, p. 87.

TEXTES ET COMMENTAIRES

TEXTE 1

Bruno Latour
Politiques de la nature
*Comment faire entrer les sciences en démocratie**

Il semble que les sciences sociales les plus sophistiquées aient abandonné depuis longtemps, elles aussi, la notion de nature en montrant que jamais nous n'avons un accès immédiat à « la » nature ; nous n'accédons à celle-ci, disent les historiens, les psychologues, les sociologues, les anthropologues que par la médiation de l'histoire, de la culture, des catégories mentales spécifiquement humaines. En affirmant, nous aussi, que l'expression « la » nature n'a aucun sens, nous paraissons rejoindre le bon sens des sciences humaines. En somme, il s'agirait seulement de demander aux écologistes militants de n'avoir plus la naïveté de croire qu'ils défendent autre chose qu'un point de vue particulier, celui des Occidentaux. Quand ils parlent de mettre fin à l'anthropocentrisme, ils manifestent leur ethnocentrisme. Malheureusement, si l'on

* *Politiques de la nature. Comment faire entrer les sciences en démocratie*, Paris, La Découverte, 1999, chap. 1, p. 50-53.

croit que notre argument d'épistémologie politique revient à dire que « nul ne saurait s'extraire des représentations sociales de la nature », c'en est fait de notre tentative. Autrement dit, nous avons maintenant peur, non pas que le lecteur rejette notre argument, mais qu'il le comprenne trop vite en confrontant notre critique de la philosophie de l'écologie avec le thème de la « construction sociale » de la nature !

À première vue, pourtant, il semble difficile de se passer du secours que viennent apporter les travaux sur l'histoire du sentiment de la nature. D'excellents historiens nous l'ont assez montré : la conception de la nature par les Grecs du IVe siècle n'a aucun rapport avec celle des Anglais du XIXe siècle, ou des Français du XVIIe siècle, sans parler des Chinois, des Malais des Sioux. « Si vous venez nous affirmer que ces conceptions changeantes de la nature reflètent les conceptions politiques des sociétés qui les ont développées, il n'y a là rien d'étonnant. » Nous connaissons tous en effet, pour prendre un exemple entre mille, les ravages du darwinisme social qui emprunta ses métaphores à la politique, les projeta ensuite dans la nature elle-même, puis les réimporta dans la politique afin d'ajouter à la domination des riches le sceau d'un ordre naturel irréfragable. Les féministes nous ont souvent fait comprendre comment l'assimilation des femmes à la nature avait eu si longtemps pour effet de les priver de tout droit politique. Les exemples des liens entre conceptions de la nature et conceptions de la politique sont tellement nombreux que l'on peut prétendre, à bon droit, que toute question épistémologique est bien aussi une question politique.

Si c'était vrai, l'épistémologie politique s'effondrerait instantanément. En effet, raisonner ainsi revient à garder la politique à double foyer en la transposant dans le domaine académique. Cette idée que « la nature n'existe pas » puisqu'il s'agit d'une « construction sociale » ne fait que renforcer la division entre la Caverne et le Ciel des Idées en la superposant à celle qui distingue les sciences humaines des sciences de la nature. Lorsqu'on parle, en historien, en psychologue, en anthropologue, en géographe, en sociologue, en épistémologue, des « représentations humaines de la nature », de leurs changements, des conditions matérielles, économiques et politiques qui les expliquent, on sous-entend, *bien évidemment*, que la nature elle-même, pendant ce temps, n'a pas bougé d'un poil. Plus on affirme tranquillement la construction sociale de la nature, plus on laisse de côté ce qui se passe véritablement dans la nature que l'on abandonne à la Science et aux savants. Le multiculturalisme n'acquiert ses droits que parce qu'il s'appuie solidement sur le *mononaturalisme*. Toute autre position n'a aucune espèce de sens, puisque cela supposerait de revenir aux vieilles lunes de l'idéalisme et de croire que les opinions changeantes des humains modifient la position des lunes (justement), des planètes, des soleils, des galaxies, des arbres qui tombent dans la forêt, des pierres, des animaux, bref de tout ce qui existe *hors de nous*. Ceux qui sont fiers d'appartenir aux sciences humaines parce qu'ils n'ont pas la naïveté de croire en l'existence d'une nature immédiate, reconnaissent toujours qu'il y a, d'un côté, l'histoire humaine de la nature et, de l'autre, la non-histoire naturelle, faite d'électrons, de particules, de choses brutes, causales, objectives, complètement indifférentes à la première liste. Même si l'histoire humaine peut, par le travail, par la connaissance, par les transformations écologiques, modifier durablement la nature, la perturber, la transformer, la performer, il n'en reste pas moins qu'il y a deux histoires, ou plutôt une histoire pleine de bruits et de fureurs qui se déroule *dans un cadre* qui, lui-même, n'a pas d'histoire, ou qui ne fait pas d'histoire. Or, cette conception de bon sens, c'est elle justement qu'il nous faut abandonner pour fournir sa juste place à l'écologie politique.

La sophistication critique des sciences humaines n'est malheureusement d'aucun recours pour tirer la leçon de l'écologie politique, qui ne se situe même pas à cheval entre nature et société, sciences naturelles et sciences sociales, science et politique, mais dans une tout autre région, puisqu'elle refuse d'établir la vie publique sur la base de deux collecteurs, de deux bassins attracteurs, de deux foyers. Si l'on acceptait la notion de représentations sociales de la nature, on retomberait sur l'inusable argument de la réalité extérieure et nous serions obligés de répondre à la question comminatoire : « Accédez-vous à l'extériorité de la nature, ou bien gisez-vous dans le cul de basse-fosse de la Caverne ? », ou, plus poliment : « Parlez-vous des choses ou de leurs représentations symboliques ? » Or, notre problème n'est pas de prendre place dans le débat qui va permettre de mesurer la part respective de la nature et de la société dans les représentations que nous en avons, mais de modifier la conception du monde social et politique qui sert d'évidence aux sciences sociales et naturelles.

C'est bien de la nature elle-même que nous souhaitons parler, et en aucun cas des représentations humaines de la nature. Mais comment parler de la nature elle-même ? Voilà qui n'a, semble-t-il, aucun sens. C'est pourtant exactement ce que nous voulons dire. Lorsque nous ajoutons les trouvailles de l'écologie militante à celle de l'épistémologie politique, nous pouvons détacher la nature en plusieurs de ces composants, sans tomber aussitôt dans les représentations que les humains s'en font. Croire qu'il n'y a que deux positions, le réalisme et l'idéalisme, la nature et la société, telle est justement la source essentielle du pouvoir symbolisé par le mythe de la Caverne et que l'écologie politique doit aujourd'hui laïciser. C'est l'un des points les plus épineux de notre argumentation, nous devons donc opérer avec précaution, comme on le fait pour enlever une écharde fichée dans le talon…

COMMENTAIRE

LA JUSTE PLACE DE L'ÉCOLOGIE POLITIQUE

À en croire Bruno Latour, l'écologie politique, considérée dans les multiples versions qui lui ont été données ces dernières années, est à bien des égards un rejeton de la théorie politique moderne pour laquelle l'idée d'une sortie de l'homme hors de l'état de nature (réel ou hypothétique) – l'idée d'une solution de continuité entre l'état naturel et l'état civil, entre la nature et la culture, entre les lois transcendantes de la nature et celles, immanentes, qu'institue la société – est la condition primordiale sous laquelle peut véritablement s'élaborer une philosophie politique. Certes l'écologie politique s'est appliquée à souligner que ce grand partage entre l'homme et la nature est à l'origine de bien des problèmes que nous rencontrons aujourd'hui, mais, en dénonçant les implications pratiques d'une telle séparation, elle n'a pas cherché pour autant à mettre en doute sa pertinence théorique. La thèse selon laquelle le domaine de la nature et celui de la société relèvent de deux ordres de réalité essentiellement distincts est au cœur de l'écologie politique contemporaine.

Le projet de Bruno Latour visant à rendre à l'écologie politique sa « juste place » implique en tout premier lieu de montrer la faiblesse de ce type d'approches, ainsi que de celles auxquelles elles s'opposent, et dont elles se contentent le plus souvent d'inverser le signe. En effet, ainsi qu'il s'efforce de le montrer dans *Politiques de la nature*, le naturalisme écologique et le constructivisme social se soutiennent l'un et l'autre de la même hypothèse d'une rupture entre l'homme et la nature, soit pour critiquer les principes d'action qui portent en eux le risque d'une rupture d'équilibre et pour prescrire de nouvelles règles de conduite conformes aux leçons de l'écologie, soit pour rappeler le caractère historiquement contingent d'une telle distinction, dont il est possible de montrer qu'elle repose sur des facteurs socioculturels liés aux conditions économiques, aux circonstances politiques, aux intérêts en jeu, aux pratiques discursives ou à d'autres choses de ce genre. Dans les deux cas, selon Bruno Latour, loin d'éclairer la relation des êtres humains à leur environnement ou à leurs environnements, l'idée d'une séparation de l'homme et de la nature contraint l'écologie politique – et de manière plus générale, la théorie politique – à faire du bricolage de fortune en rafistolant un schéma brisé depuis longtemps déjà.

L'écologie politique qu'il promeut propose, à l'inverse, de ne pas reprendre à son compte l'hypothèse d'une telle séparation entre entités ontologiquement incommensurables, et de débuter, pour ainsi dire, *in medias res*, en s'efforçant de considérer pour eux-mêmes les divers agencements que forment les humains avec les entités du monde naturel et avec celles issues du monde des technosciences, lesquels forment autant d'environnements spécifiques. En lieu et place de ce que Bruno Latour appelle la « métaphysique de la nature », où les variétés ontologiques ont toujours été limitées à deux ou à trois (les sujets, les objets et Dieu), il conviendrait dorénavant de promouvoir une « métaphysique expérimentale » se donnant pour objectif de suivre l'expérience dans ses tours et détours, dans la totalité intotalisable de ses modes d'existence [1].

Le principe méthodologique d'abstention métaphysique qui en découle commande de mettre entre parenthèses la question de l'être en différant toute enquête portant sur l'ameublement ontologique du monde, et de laisser au contraire ouverte la question des connexions entre les acteurs hétérogènes répartis, non plus en « sujets » et en « objets », mais en « humains » et en « non humains », pour laisser entendre que la continuité propre au déroulement d'une action n'est pas faite de connexion d'humain à humain, ou d'objet à objet, mais qu'elle se déplace en zigzaguant des humains aux non humains, lesquels échangent leurs propriétés pour composer ensemble une association [2].

Plutôt que de donner pour objet à l'écologie politique la « nature » et pour objectif la « protection » de ses équilibres fragiles, Bruno Latour nous invite à penser que l'affaire de l'écologie est de savoir quels sont, parmi les collectifs que forment les humains et les non humains, ceux qui sont désirables et ceux qui ne le sont pas. Alors que la plupart des approches en écologie politique commencent par distinguer entre ce qui relève de l'ordre naturel et ce qui relève de

1. B. Latour, *Politiques de la nature*, *op. cit.*, p. 96.

2. Ce principe d'abstention métaphysique, en lequel réside, nous semble-t-il, l'intuition originelle de la philosophie de Bruno Latour, constitue un véritable leitmotiv des *Politiques de la nature* (voir p. 96-97, 117, 123, 125, 133, 138-39, 179, 182, 189, etc.).

l'ordre des interventions humaines, en tirant les conclusions politiques qui s'imposent pour rendre compatible l'existence des êtres humains avec la poursuite des processus naturels, l'approche de Bruno Latour propose de suivre pas à pas les entités non humaines et les associations qu'elles forment avec les humains, de mettre au jour les multiples voies par lesquelles les collectifs sont produits, les connexions innombrables qui s'établissent entre les différents acteurs, sans rien présumer du caractère social ou naturel des entités en jeu.

La forclusion du politique

Restituer à l'écologie politique sa « juste place » signifie libérer l'écologie de son obsession de la « nature » et montrer que l'écologie ne porte pas du tout sur la « nature ». Comme le dit Bruno Latour d'une formule provocante, *« avec la nature, il n'y a rien à faire* [1] *»*.

Paradoxalement, c'est donc la référence à la « nature » qui constituerait le principal obstacle au développement de l'écologie politique. De quelle manière en effet le concept de « nature » est-il généralement entendu, et quel rôle lui a-t-on attribué en philosophie politique ? La dualité nature/culture est la forme selon laquelle l'Occident moderne, depuis le XVIe siècle et les débuts de la science moderne, élabore consciemment son rapport à l'altérité en rejetant du côté de la nature tout ce qui est compris comme l'autre de l'humain – ce qui est sauvage, ce qui ne peut être soumis à aucune règle autre que la sienne, ce qui manifeste une puissance transcendante qui n'est pas notre œuvre.

---

1. B. Latour, *Politiques de la nature, op. cit.*, p. 13. La phrase est soulignée dans le texte.

C'est de cette nature là dont veut parler John Stuart Mill dans le texte célèbre où il recommande de stabiliser la croissance de la population mondiale afin de préserver à la terre l'agrément qui est le sien, lequel viendrait à disparaître

> dans un monde où il ne resterait rien de livré à l'activité spontanée de la nature, où toute parcelle de terre propre à produire des aliments pour l'homme serait mise en culture ; où tout désert fleuri, toute prairie naturelle seraient labourées, où tous les quadrupèdes et tous les oiseaux qui ne seraient pas apprivoisés pour l'usage de l'homme, seraient exterminés comme des concurrents qui viennent lui disputer sa nourriture, où toute haie, tout arbre inutile seraient déracinés, où il resterait à peine une place où pût venir un buisson ou une fleur sauvage, sans qu'on vînt aussitôt les arracher au nom des progrès de l'agriculture [1].

La nature sauvage est perçue comme étant le seul lieu où la présence humaine ne peut être décelée, offrant ainsi aux êtres humains la dernière occasion d'être en contact avec quelque chose qui n'est pas de l'ordre de l'humain, qui n'a pas été fabriqué par eux, qui n'est pas un artefact mais qui résulte au contraire d'une production ou d'une création naturelle.

Quelque soit le degré de vérité de l'idée selon laquelle il existerait encore sur terre un endroit inaffecté par la présence humaine, il importe de souligner que, dans la perspective qui est ici examinée, les entités du monde naturel sont considérées comme l'Autre du social et de la culture humaine en général et que, pour cette raison même, elles sont *hors politique*. Le

---

1. J.S. Mill, *Principes d'économie politique avec quelques-unes de leurs applications*, trad. fr. H. Dussard et Courcelle-Seneuil, Paris, Guillaumin et Cie. Libraires, 1854, livre IV, chap. 6, § 2, p. 357-358.

monde naturel ne revêt de signification politique que dans la stricte mesure où les interventions des hommes dans la nature produisent des effets en retour dans la sphère des relations interhumaines.

Hors politique, le monde non humain l'est encore pour cette raison que le savoir que l'on produit sur lui suppose une rupture avec « la tyrannie du social, de la vie publique, de la politique, des sentiments subjectifs, de l'agitation vulgaire », bref de tout ce que Platon réunissait dans ce lieu obscur qu'il appelait la « Caverne », à laquelle le Philosophe et plus tard le Savant sont censés devoir s'arracher pour accéder à la vérité. « L'allégorie de la Caverne », poursuit Bruno Latour, « permet de créer du même geste une certaine idée de la science et une certaine idée du monde social qui va lui servir de repoussoir [1]. »

Mais, par un spectaculaire retournement de situation, le monde non humain, après avoir été doublement exclu de la politique, va pouvoir faire un retour en force en politique, car « le Savant, une fois équipé des lois non faites de main d'homme qu'il vient de contempler parce qu'il a su s'arracher à l'enfer du monde social, peut revenir dans la Caverne afin d'y mettre de l'ordre par des résultats indiscutables qui feront taire le bavardage indéfini des ignares [2] ». À la tyrannie de l'ignorance, aux tâtonnements des esclaves qui gisent enchaînés dans la salle, il est enfin possible de substituer l'indiscutable législation des lois scientifiques.

L'invocation de la nature et des sciences naturelles a ainsi pour effet de refermer les questions politiques et de replier sur

1. B. Latour, *Politiques de la nature*, *op. cit.*, p. 23.
2. *Ibid.*

lui-même l'espace dans lequel l'écologie politique aurait pu développer sa réflexion. À ce compte, l'écologie politique n'est en aucune façon une préoccupation nouvelle qui serait survenue dans la conscience des Occidentaux vers le milieu du XXᵉ siècle, mais n'est rien d'autre que le nom que les modernes donnent à la théorie politique comme telle :

> Jamais, depuis les premières discussions des Grecs sur l'excellence de la vie publique, on n'a parlé de politique sans parler de nature ; [...] jamais on n'a fait appel à la nature sinon pour donner une leçon de politique. Pas une seule ligne n'a été écrite – du moins dans la tradition occidentale – où le mot de nature, d'ordre de la nature, de loi naturelle, de droit naturel, de causalité inflexible, de lois imprescriptibles, n'ait été suivi, quelques lignes, quelques paragraphes, quelques pages plus bas, par une affirmation concernant la façon de réformer la vie publique [1].

La nature peut bien ne pas avoir de signification politique en elle-même, la connaissance que l'on en acquiert grâce aux sciences naturelles fournit un fondement sur lequel il est possible d'édifier une théorie politique. L'invocation de la nature permet ainsi de mettre fin aux interminables débats par une forme indiscutable d'autorité censée tenir aux choses mêmes. Dans cette « Constitution » – comme l'appelle Bruno Latour en renvoyant par là à la répartition des êtres entre les humains et les non humains, les objets et les sujets, et au genre de pouvoir, de capacité, de parole, de mandat, de volonté qu'ils reçoivent –, deux chambres, et deux seulement, sont actives : la première correspond à la Caverne, où les êtres humains ne

---

1. B. Latour, *Politiques de la nature*, *op. cit.*, p. 45.

communiquent que par fictions, sans jamais savoir de quoi ils parlent, sans avoir aucun pouvoir si ce n'est celui d'ignorer de conserve et de s'entendre sur une erreur commune ; la seconde se situe au-dehors, dans un monde composé de non humains insensibles à nos querelles et à nos ignorances, qui n'ont pas le don de la parole mais qui ont la propriété de définir ce qui existe. « La subtilité de cette organisation », commente Bruno Latour, « repose entièrement sur le pouvoir donné à *ceux qui peuvent passer de l'une à l'autre chambre* » :

> Les quelques experts triés sur le volet et capables de faire la navette entre les deux assemblées auraient, quant à eux, le pouvoir de parler – puisqu'ils sont humains –, de dire vrai – puisqu'ils échappent au monde social grâce à l'ascèse de la connaissance –, et enfin de mettre de l'ordre à l'assemblée des humains en leur fermant le bec – puisqu'ils peuvent revenir dans la chambre basse afin de reformer les esclaves [1].

Le problème que soulève cette approche est qu'elle revient à dépolitiser toutes les questions susceptibles d'être posées en écologie politique (comme celles qui portent sur le statut des non humains, sur le type de relation que les humains nouent avec eux, sur les modalités de production du savoir que les sciences naturelles prétendent en avoir), et à vider la vie politique de sa substance même (à savoir, l'accord obtenu par délibération entre les différents citoyens d'une même communauté politique). À terme, elle conduit tout bonnement à faire avorter le projet même d'une écologie politique.

---

1. B. Latour, *Politiques de la nature*, *op. cit.*, p. 27-28. La phrase est soulignée dans le texte.

Politique de l'immanence

Par conséquent, il semble que la condition préjudicielle d'un nouveau départ de la philosophie politique soit de proclamer la « fin de la nature », c'est-à-dire la fin de la séparation *conceptuelle* des pouvoirs qui est aussi bien une séparation *idéologique* puisque la reconnaissance de la neutralité objective de la nature (et de la science en tant que forme privilégiée de connaissance de la nature) n'est, pour finir, rien d'autre que le stratagème qui a toujours permis à la « nature » d'être mobilisée de façon partisane pour mettre un terme aux débats politiques. S'il est vrai qu'« il n'y a jamais eu d'autre politique que celle *de* la nature et d'autre nature que celle *de* la politique[1] », c'est parce que la nature, en tant que réalité extérieure objective, n'a jamais cessé d'être un objet construit pour répondre à des fins politiques.

Si donc la crise écologique contemporaine peut prétendre d'une manière ou d'une autre adresser au philosophe une convocation à penser, ce ne peut être qu'à la condition que la crise environnementale se laisse interpréter comme une crise d'objectivité, qui interdise une bonne fois pour toutes de revenir à la représentation de deux ensembles distincts – la nature d'un côté et la société de l'autre. L'avenir de l'écologie politique dépend entièrement de la capacité des mouvements écologiques à repousser une « conception de la nature qui rend impraticable leur combat politique[2] », ce qui implique de leur part qu'ils apprennent à mobiliser à des fins politiques diverses « natures » dans le cadre d'une nouvelle Constitution

---

1. B. Latour, *Politiques de la nature*, *op. cit.*, p. 46.
2. *Ibid.*, p. 34.

a-moderne, laquelle commencera par reconnaître l'existence d'entités hybrides qui ne sont à proprement parler ni des choses naturelles ni des constructions sociales, « qui n'ont pas de bords nets, pas d'essences bien définies, pas de séparation tranchée entre un noyau dur et leur environnement », qui ont également « des connexions nombreuses, des tentacules, des pseudopodes, qui les relient de mille façons à des êtres aussi peu assurés qu'eux et qui, par conséquent, ne composent *plus un autre univers indépendant du premier*[1] ».

Une fois cette reconnaissance acquise, il importera alors de comprendre que le problème posé par les objets hybrides ne tient pas au caractère potentiellement dangereux de leurs effets (bien que certains aient effectivement de tels effets), mais plutôt à ce qu'ils ne sont pas encore *politiquement représentés*. En rendant « invisible, impensable, irreprésentable le travail de médiation qui assemble les hybrides[2] », la constitution moderne les a par là même exonérés de tout examen public, de toute évaluation et de toute régulation délibératives. Le défi que doit relever l'écologie politique contemporaine, selon Bruno Latour, consiste donc à édifier « un parlement des choses », c'est-à-dire à donner un siège aux hybrides dans nos assemblées représentatives, dans laquelle des savants, des écologistes, des urbanistes, des météorologues et des citoyens ordinaires pourront débattre et légiférer au sujet des hybrides en vue de substituer à la folle prolifération actuelle des hybrides une production qui soit réglée et décidée en commun.

---

1. B. Latour, *Politiques de la nature*, *op. cit.*, p. 40. La phrase est soulignée dans le texte.

2. B. Latour, *Nous n'avons jamais été modernes. Essai d'anthropologie symétrique*, *op. cit.*, p 53.

Un laboratoire grandeur nature

La « métaphysique expérimentale » que défend Bruno
Latour, qui refuse de faire l'inventaire *a priori* des genres
d'êtres dont l'univers est composé, se prolonge ainsi en une
politique expérimentale, où la création de quasi-objets et leur
introduction dans la nature sont clairement encouragées, parce
que la « nature » n'est rien d'autre que le laboratoire à ciel
ouvert où nous expérimentons les modalités de coexistence
avec les non humains. Comme l'écrit explicitement Bruno
Latour, « le laboratoire est devenu en effet le monde, et il nous
manque les règles de la méthode expérimentale permettant de
suivre cette expérimentation collective exercée pour l'instant
en dépit du bon sens », si bien que l'alternative est aujourd'hui
soit de « vivre dans un laboratoire étendu à la planète où l'on
expérimente sur nous tous sans nous demander notre avis »,
soit de « faire basculer l'ensemble du laboratoire dans l'arène
politique [1] ». De la même manière que « nous ne savons pas
ce qui fait la commune humanité de l'homme [2] » – ce qui
compose notre collectif, le nombre des êtres qui en font partie,
leur importance, leur hiérarchie, leur connexion –, de même
« nous ne savons pas ce que peut un environnement [3] ».

C'est au nom de ce principe d'abstention que Bruno Latour
soumet à la critique la *deep ecology*, à laquelle il reproche de
prétendre connaître la réponse à ces questions, au point même

1. B. Latour, « Réponses aux objections », *op. cit.*, p. 146.

2. B. Latour, « Moderniser ou écologiser ? À la recherche de la "septième"
cité », *Écologie politique*, 1995, n° 13, p. 19.

3. B. Latour, « Crise des valeurs ? Non, crise des faits », dans *Éthique et
environnement*, Actes du colloque du 13 décembre 1996 à la Sorbonne, Paris,
La documentation française, 1997, p. 96.

de savoir comment réformer la politique des humains en tenant compte des « équilibres supérieurs de la nature ». Selon lui, le problème que pose ce genre de tentative visant à dériver des normes de la nature, que cette dernière soit composée d'individus ou d'écosystèmes, tient à ce que le concept de « nature » qui est utilisé n'autorise ce type de « déduction » que si l'on accorde que la science détient l'intelligibilité dernière de la nature, et que la nature indiscutable connue par la science définit l'ordre d'importance respective des entités – ordre qui doit dorénavant clore toute discussion des hommes entre eux sur ce qu'il importe de faire. « On s'est contenté », écrit Bruno Latour, « de repeindre en vert pomme le gris des qualités premières. » La vie publique a été, par ce procédé, vidée de ses formes de discussion propres « pour les court-circuiter par l'incontestable point de vue de la nature même des choses en soi dont les obligations ne sont plus seulement causales, mais aussi morales et politiques ». « Cet achèvement du modernisme », conclut-il, « c'est aux penseurs de l'écologie, et surtout à ceux d'entre eux qui se prétendent en rupture "profonde" avec la "vision" occidentale, avec "l'anthropocentrisme" qu'il est revenu de le mener à bien [1] ! »

Pour Bruno Latour, comme on l'a vu, il n'y a pas d'épistémologie de la nature qui soit indépendante d'une

1. B. Latour, *Politiques de la nature, op. cit.*, p. 137. Voir aussi dans le même sens p. 42-43, 183, 211, etc. Même si cette critique est plus mesurée et mieux informée que celles qui ont pu avoir cours en France il y a quelques années, regrettons toutefois que la référence à Naess ne dépasse jamais, chez B. Latour, le niveau de la simple allusion, et qu'il n'entre à aucun moment dans l'analyse précise des textes. Quant au courant d'éthique environnementale, il est ramené chez lui à la seule figure de J. Baird Callicott (cité et critiqué dans une note de la p. 312, mais absent de la bibliographie finale).

politique de la nature, et il n'existe pas d'entité naturelle qui ne
soit aussi bien un hybride de nature et de culture. Le projet,
qu'il attribue aux écologistes « profonds », de défendre la
nature sauvage et la valeur intrinsèque de ceux qui y vivent,
apparaît de ce point de vue comme la tentative typiquement
moderne de créer par « purification » deux zones ontologiques
entièrement distinctes – celle des humains d'une part, celle des
non humains d'autre part –, nous empêchant par là même de
poser le problème de la composition des collectifs au sein
desquels nous désirons vivre.

Un anthropocentrisme décentré ?

Ouvrir la scène nouvelle de l'écologie politique, implique
donc, pour Bruno Latour, de comprendre que « la nature
n'est pas cette mère harmonieuse et aimante qu'il faudrait
s'abstenir de toucher ». Il convient au contraire, selon lui,
d'« ajouter l'artifice, l'indécision, l'incertitude, la médiation
des sciences à celle du politique[1] », et de reconnaître pour ce
qu'il est et d'évaluer publiquement le processus par lequel les
humains et les non humains ne cessent d'échanger leurs
propriétés.

Les embarras philosophiques que soulève cette position
sont assez apparents dans la façon dont l'auteur discute à
l'occasion les problèmes causés par le relâchement dans la
nature de micro-organismes, à la suite des débats qui ont
eu lieu depuis Asilomar. Les bactéries génétiquement manipulées de sorte à rendre les plants de fraisier plus résistants

---

1. B. Latour, « Arrachement ou attachement à la nature ? », *Écologie
politique*, 1993, n° 5, p. 26.

au froid doivent-ils être relâchés dans les champs? Que peut une bactérie recombinée dans le sol? Conformément au principe d'abstention dont il a été question précédemment, Bruno Latour répond que nul n'en sait rien et ne peut le savoir sans passer par l'expérimentation. De là une série d'expériences, que Bruno Latour détaille, allant des premières recombinaisons génétiques dans des enceintes ventilées en surpression, puis dans une atmosphère confinée mais étendue, en finissant par le relargage dans le sol à l'INRA de Dijon où les scientifiques se sont efforcés de suivre le déplacement des bactéries à l'aide de plusieurs indicateurs, etc. Objecter contre de telles procédures expérimentales que les bactéries risquent de se répandre de façon incontrôlable revient à présupposer qu'il y a *un* environnement au sein duquel «tout se tient». Or, répond Bruno Latour, nous ne savons pas de quelle façon les environnements locaux peuvent se connecter les uns aux autres, parce qu'un tel savoir est affaire d'investigation empirique, et ne peut être acquis qu'au travers de l'expérimentation. Nous sommes engagés, dit-il, dans une «expérimentation collective et permanente» dans notre rapport à l'environnement. Par conséquent, la tâche des sciences humaines ne peut pas être d'interdire ou de limiter cette expérimentation, mais de «transformer l'expérimentation partielle en une expérimentation complète, et d'empêcher qu'elle soit limitée à une portion du collectif (les chercheurs scientifiques) et à un moment (l'établissement de la vérité)[1]».

1. B. Latour, C. Schwartz et F. Charvolin, «Crise des environnements: défis aux sciences humaines», *Futur Antérieur*, 1991, n° 6, p. 42-43.

À ce compte, comme le demande justement Kerry Whiteside[1], l'écologisme expérimental de Bruno Latour est-il autre chose qu'une forme un peu plus complexe d'anthropocentrisme? Si la mission d'une institution comme le parlement des choses est de garantir que l'expérimentation partielle soit transformée en une expérimentation complète, alors que fait-elle d'autre si ce n'est garantir la prise en compte d'autres intérêts que ceux des chercheurs qui sont impliqués dans les expérimentations en cours – intérêts qui demeurent toutefois des intérêts *humains*? Sur quelles bases la question de l'utilisation des bactéries génétiquement manipulées peut-elle être débattue entre les différents porte-paroles? Certainement pas sur la base des propriétés «naturelles» des plants de fraisier, car «aucune sociologie de l'environnement n'est possible si l'enquêteur se donne *a priori* une croyance particulière qui stabilise à la place des acteurs qu'il étudie ce qu'est l'environnement, ce qu'il peut et ce que les humains doivent faire[2]». Que reste-t-il donc à faire si ce n'est à évaluer les risques et les bénéfices d'une telle opération par rapport au bien-être humain (non seulement par rapport à la santé des individus, mais encore en prenant en compte l'éventualité d'une contamination qui nuirait à d'autres types de culture dont les consommateurs n'entendent pas se priver)? Si le parlement des choses réunit les porte-paroles de l'industrie, les écologues, les agriculteurs, etc., de quoi se feront-ils les représentants si ce n'est de leur propre compréhension de ce qu'exige le

1. K. Whiteside, *Divided Natures. French Contributions to Political Ecology*, Cambridge, MIT Press, 2002, p. 136.

2. B. Latour, C. Schwartz et F. Charvolin, «Crise des environnements: défis aux sciences humaines», *op. cit.*, p. 46.

bien-être *humain*? Même dans le cadre de ce parlement élargi, qui d'autre finalement a vraiment la parole en dehors des êtres humains? Dans ces conditions, sur quoi repose la prétention qu'affiche Bruno Latour d'avoir, comme il le dit, « décentré » l'anthropocentrisme [1]?

1. B. Latour, C. Schwartz et F. Charvolin, « Crise des environnements : défis aux sciences humaines », *op. cit.*, p. 54.

TEXTE 2

Bryan G. Norton
« Les valeurs dans la nature. Une approche pluraliste »[*]

La place centrale qui est parfois réservée dans les discussions qui ont cours en éthique environnementale à la distinction entre la valeur instrumentale et la valeur intrinsèque pose plus de problèmes qu'elle ne permet d'en résoudre. Parmi ces problèmes, il en est un certain nombre qui découle directement d'une façon de conceptualiser les valeurs, laquelle est prise dans l'alternative rigide d'un « ou bien/ou bien ». Mais si nous observons la manière dont les valeurs sont rencontrées dans notre vie de tous les jours, il n'est pas vrai que nous les distribuions en fonction de ces catégories dualistes artificielles.

Prenons pour exemple les multiples manières dont il peut m'arriver de valoriser une zone humide naturelle, résiliente et productive : je peux la valoriser pour sa beauté, pour la

[*] « Values in Nature : A Pluralistic Approach », dans *Contemporary Debates in Applied Ethics*, Andrew I. Cohen and Christopher H. Wellman (eds.), Oxford, Blackwell, 2005, p. 306-308.

contribution qu'elle apporte au maintien de la diversité biologique, pour sa capacité à retenir les impuretés des eaux de surface, etc. Faut-il passer au tamis de la valeur instrumentale et de la valeur intrinsèque l'ensemble de ces modalités de valorisation? Pourquoi devrions-nous le faire? Certains s'y sont essayés, en courant le risque de se réclamer de théories partisanes et mutuellement incompatibles de la valeur intrinsèque.

Il va de soi que nous valorisons la nature de diverses manières et que nous exprimons ces valeurs en des langues idiomatiques multiples, en reprenant à notre compte des théories différentes. Ces valeurs humaines peuvent être mieux comprises, selon nous, si on les situe à l'intérieur d'un continuum, qui va des valeurs appropriatives à des valeurs de type altruiste et spirituel. Vouloir à tout prix distribuer tous ces types de valeur en fonction de l'une ou l'autre catégorie de la valeur intrinsèque et de la valeur instrumentale ne peut qu'engendrer des équivoques et des confusions, *a fortiori* lorsque ces catégories sont solidaires d'un certain nombre de présupposés et de partis pris théoriques. Il me paraît plus raisonnable de dire que les êtres humains valorisent la nature de diverses manières, et que ces manières forment un continuum s'étirant des valeurs consuméristes et égoïstes à des valeurs non instrumentales de type esthétique, spirituel, etc. L'important est de bien voir que toutes ces valeurs sont des valeurs *humaines* en attente d'une intégration harmonieuse. Elles n'ont nul besoin de se voir ajouter des valeurs «non anthropocentristes», extrahumaines, puisées à une source elle-même extrahumaine. Ne peut-on reconnaître que les hommes sont capables de valoriser la nature en lui attribuant une valeur qui n'est pas strictement d'ordre instrumental, sans avoir pour autant à réifier cette valeur et à lui prêter une existence indépendante de toute valorisation humaine ?

Appelons ces valeurs – comprises au sein du continuum, et qui ne sont ni de type instrumental ni de type non instrumental, bien qu'elles soient manifestement anthropocentrées –, les valeurs « transformatives », et considérons l'exemple suivant qui permettra de mieux en saisir la nature.

On admettra que la façon dont les êtres humains agissent est la plupart du temps fonction des préférences qu'ils ressentent, et que l'adoption d'un train de vie somptueux est certainement l'expression d'un système de valeur personnel matérialiste et consumériste. Mais les environnementalistes ont remarqué que bien des personnes, mises en présence des merveilles de la nature et en position d'observer la vie des animaux sauvages, finissent par retirer de ces spectacles un plus grand contentement que celui que leur procurait leur mode de vie antérieur, à tel point que la valeur de ce dont elles viennent de faire l'expérience leur apparaît plus grande que celles que leur suggérait jusqu'alors le consumérisme ambiant. Comment convient-il de comprendre la valeur propre de ces expériences qui conduisent certaines personnes, dès lors qu'elles sont mises en présence de la nature, à ne plus la valoriser de façon matérialiste et dans une perspective consumériste, mais tout au contraire à se rapporter aux systèmes et aux processus naturels comme à autant d'objets de contemplation et de contentement ? Est-ce bien lui rendre justice que de la tenir pour une valeur de type « instrumental » ?

Bien que la valeur dont il est question soit une valeur humaine, elle n'est pas pour autant l'*instrument* de la satisfaction de préférences humaines, mais représente plutôt une transformation des préférences en accord avec un idéal plus élevé, à savoir celui d'une vie plus contemplative et moins associée à la société de consommation. Plutôt que d'appeler ces valeurs « instrumentales », il serait plus exact de dire que ces expériences de la nature ont transformé les manières de valoriser la nature et en ont « constitué » de nouvelles en assurant la promotion de valeurs qui transcendent les précédentes. De la même manière, de nombreux environnementalistes ont considéré que la nature possédait une valeur « spirituelle », laquelle est – au même titre que la valeur « esthétique » évoquée précédemment – une valeur humaine que l'on n'a point coutume de tenir pour une valeur de type « instrumental ».

Il est donc clair que, selon la théorie des modes de valorisation humaine de la nature que nous défendons, rien n'empêche de dire qu'il existe certaines valeurs pouvant être comprises à la fois comme anthropocentrées et comme « intrinsèques » – en entendant ce dernier mot au sens de « non instrumental ». L'expérience que nous avons de ces dernières constitue un bien en soi, mais le sujet de l'expérience est clairement un sujet humain, et la valeur dont il est question n'est en aucune manière « indépendante » des êtres humains ou de leur capacité à valoriser.

Ainsi, bien que de nombreux philosophes (au nombre desquels figure Callicott) s'accordent à conférer une importance centrale à la distinction entre la valorisation instrumentale et la valorisation intrinsèque, il semble que deux voies de conceptualisation leur soient ouvertes. Soit ils reprennent cette distinction en la formulant dans les termes d'une dichotomie assez tranchée opposant des intérêts humains à des intérêts non humains, et dans ce cas cette théorie de la valeur ne peut être défendue qu'à la condition de souscrire à la conception forte – celle que défend Holmes Rolston – selon laquelle les aspects non humains de la nature possèdent une valeur indépendamment de toute attribution par des êtres humains. Soit, à la suite de Callicott, ils considèrent que la valeur intrinsèque n'«existe» que parce qu'elle a été attribuée par des sujets humains, et qu'elle correspond donc à une manière dont ces derniers valorisent la nature, et dans ce cas la «distinction» entre deux types de valeur résulte ni plus ni moins du geste brutal par lequel le continuum des diverses manières selon lequel les êtres humains valorisent en fait la nature a été coupé de façon artificielle et arbitraire.

Dans la mesure où il existe une pluralité de types de valeur environnementale, et dans la mesure où il est avéré que les valeurs influencent la manière dont nous comprenons et traitons les problèmes environnementaux susceptibles de se présenter, la diversité des opinions et des intérêts d'une communauté donnée rend à peu près inéluctable le recours à toute une gamme de valeurs dans le but de justifier le choix en faveur de telle ou telle politique publique en matière d'environnement. Si les partenaires des discussions d'évaluation des politiques publiques ne sont pas capables de s'entendre sur la nature du problème examiné – c'est-à-dire, sur les valeurs qui sont amoindries ou mises en danger du fait de telle ou telle situation – alors il est hautement improbable qu'une mesure de la valeur parvienne à s'imposer comme étant la plus satisfaisante aux yeux de tous, et il est encore moins probable qu'un quelconque accord soit trouvé sur la détermination des variables qui demandent à être optimalisées. C'est pour cette raison que je préconise d'adopter une approche pluraliste, c'est-à-dire une approche qui demeure attentive à la diversité des manières selon lesquelles les êtres humains valorisent la nature, et qui prend en considération aussi bien les valeurs «pratiques» que les autres qui ne sont pas des valeurs «instrumentales» – en donnant à chacun de ces termes le sens qu'il revêt ordinairement.

Le pluralisme, avant d'être une position théorique, est un fait établi en ce sens où il imprègne sourdement bien des façons de parler de notre environnement naturel. Pour peu que nous fassions foin de toute croyance idéologique et que nous prêtions attention à ce que dit l'homme de la rue en le prenant au mot, il apparaît que le discours qu'il tient fait droit à toute une pluralité de valeurs, qu'il énonce conformément à des terminologies variées. On trouvera un bon exemple de ce pluralisme des valeurs dans le Préambule de l'*Endangered Species Act* voté par le Congrès des États-Unis en 1973, qui mentionne les valeurs « esthétiques, écologiques, éducatives, historiques, récréatives et scientifiques » des espèces protégées. Il vaut d'être noté que le Préambule ne mentionne *ni* les valeurs économiques *ni* les valeurs intrinsèques, mais énumère bien plutôt, au sein de cette liste idéologiquement neutre, un ensemble de valeurs sociales associées à la préservation des espèces sauvages.

De la même manière, si nous prêtons attention à la façon dont les valeurs sont invoquées par les partenaires de discussion d'un programme de politique environnementale, dans un contexte véritablement favorable à la délibération publique et à un débat portant sur ce qu'il convient de faire – plutôt que de suivre les débats cacophoniques qui ont cours entre les idéologues et autres partisans de théories monistes exclusives les unes des autres –, nous ne manquerons pas de voir les participants se référer à de multiples valeurs et se mettre conjointement à la recherche de compromis à défaut de pouvoir conclure un accord gagnant-gagnant. Si nous exprimons cette diversité de valeur dans les termes de la langue ordinaire – plutôt que d'essayer de la faire entrer dans la camisole de force d'une unique théorie moniste –, il est possible à ce moment là de rendre la parole aux citoyens, qui sauront l'utiliser pour faire connaître les valeurs auxquelles ils tiennent dans leur vie de tous les jours, et pour faire valoir la légitimité de leur point de vue en proposant des mesures de politique environnementale qui couvriront toute la gamme des valeurs environnementales. Ainsi, le fait de reconnaître que le pluralisme des valeurs imprègne déjà les façons ordinaires de parler de l'environnement est l'indicateur d'un changement important dans la manière dont on conçoit les problèmes environnementaux. S'il est vrai que le projet d'une mesure unitaire de type moniste de toutes les valeurs n'est pas tenable, alors il est peut-être préférable d'envisager l'examen des problèmes environnementaux comme la procédure par laquelle des valeurs multiples (ainsi que les critères qui leur sont associés) sont mises en compétition les unes avec les autres – l'objectif avoué de cette démarche étant de trouver un équilibre raisonnable entre les valeurs humaines en compétition, et non pas de s'accorder sur la clause optimale d'un type unique de bien.

COMMENTAIRE

Pour un pragmatisme écologique

Au détour d'une page contenant quelques remarques sur un article de Rudolf Carnap datant de 1931, Otto Neurath propose une analogie qui est devenue aujourd'hui très populaire dans les milieux philosophiques anglo-saxons liés au pragmatisme[1]. L'amélioration de nos connaissances, dit-il, ressemble dans une large mesure à la réparation d'un bateau en haute mer. Imaginons le cas d'un bateau maintenu en service en permanence, qui n'est jamais ramené en cale sèche pour effectuer des réparations. Certaines planches souffrant plus que d'autres des intempéries et de l'usure exigeront d'être remplacées, ce qui ne pourra être fait qu'en prenant appui sur celles qui sont plus solides. L'on pourrait envisager que, à la longue, toutes les planches en viennent à être remplacées de cette manière, ainsi que toutes les autres pièces, menant à

---

1. Voir O. Neurath, « Énoncés protocolaires » (1932), dans A. Soulez (éd.), *Manifeste du Cercle de Vienne et autres écrits*, Paris, PUF, 1985, p. 221-231, rééd. Paris, Vrin, 2009 (à paraître). L'analogie avec le bateau en pleine mer se trouve p. 223.

terme à un « nouveau » bateau, au sens où toutes les pièces auront été successivement remplacées – le bateau n'en restera pas moins d'être toujours le « même » vaisseau, ne demandant pas en tant que tel à être rebaptisé.

Cette analogie saisit fort bien l'esprit de l'approche pragmatique du progrès épistémologique que défend Bryan Norton, lequel s'efforce de lui donner un prolongement en philosophie environnementale. La recherche du renouveau épistémologique n'implique pas de mettre à plat, les unes à côté des autres, toutes les planches de la connaissance, et de tout rebâtir à neuf. Elle consiste bien plutôt à identifier celles qui sont les plus problématiques. Étant donné que nous sommes obligés de maintenir à flot le bateau pendant que nous effectuons les réparations nécessaires, l'identification des planches qui posent le plus de problèmes ne signifie pas que nous devons identifier les croyances qui nous apparaissent les plus douteuses et les éradiquer sur le champ. Il se peut que nous décidions de fixer une planche à demi pourrie en-dessous du niveau de l'eau avant de remplacer une planche hors d'usage située dans un coin du pont. Dans le cadre d'une épistémologie pragmatique, ce genre de décision implique d'identifier les incertitudes qui semblent particulièrement pertinentes pour la survie d'une communauté et pour les autres objectifs qu'elle peut être amenée à se fixer. L'évaluation est elle-même relative à l'ensemble des valeurs qui sont reçues au sein d'une communauté donnée, et non pas simplement à l'application mécanique d'un test de résistance physique des diverses « planches » particulières de la connaissance.

L'analogie illustre fort bien également l'idée d'une amélioration au coup par coup d'un système de croyances, au sein duquel aucune croyance n'est privilégiée de manière ultime, même si certaines croyances sont tenues pour vraies sans examen pendant très longtemps. Ainsi l'analogie, en soulignant que le bateau dans son intégralité est exposé aux ravages du temps et est susceptible de voir toutes les pièces qui le composent être remplacées, fournit une illustration élégante à l'idée des pragmatistes selon laquelle toute croyance est sujette à réévaluation si nécessaire. Comme le dit Norton : « Si nous imaginons nos navigateurs poursuivant indéfiniment leurs traversées, alors chaque planche finira éventuellement par être mise à l'épreuve de l'usage ou des intempéries. De la même manière, le temps viendra où chacune de nos croyances sera exposée à un désaccord important touchant ce que nous devons faire[1]. »

L'écueil du relativisme

Dans la mesure où la détermination de l'ordre de priorité des actions à mettre en œuvre implique de se référer à un système de valeurs, l'application du modèle de Neurath conduit logiquement à une évaluation des croyances normatives elles-mêmes, quel que soit leur domaine de régulation, et c'est pourquoi Norton estime qu'il n'est pas besoin de grands efforts d'imagination pour conférer à ce modèle une pertinence en philosophie morale et, plus particulièrement, en philosophie environnementale, où le pluralisme des valeurs affecte profondément la façon dont les problèmes se présentent et la façon dont ils sont discutés.

Cette dernière prétention paraîtra de prime abord assez mal fondée. Car si la réponse à la question de savoir quelle planche

---

1. B. Norton, *Sustainability. A Philosophy of Adaptive Ecosystem Management*, *op. cit.*, p. 108. Nous suivons de très près ce passage qui nous paraît décider de l'intelligence de toute l'entreprise de Norton.

doit être retirée et laquelle doit être maintenue en place appartient en dernière instance au jugement rendu par une communauté épistémique en fonction des valeurs et des objectifs qu'elle se fixe, il est probable, non seulement, que chaque communauté rendra un jugement différent, mais encore qu'au sein de chaque communauté, chaque individu se référera à des valeurs différentes, à des hypothèses différentes, à des visions du monde différentes, qu'ils exprimeront dans des langages différents (puisque le choix des catégories linguistiques dépend aussi du système de valeurs de chacun), rendant par là impossible la communication entre individus, et donc la réalisation d'un quelconque accord entre eux. S'il est impossible de faire appel à une terminologie privilégiée et à des croyances normatives partagées, comment les parties prenantes de la discussion pourraient-elles parvenir à s'entendre sur quoi que ce soit ? Et si elles parviennent à s'entendre, n'est-ce pas parce qu'elles ont tacitement accepté de tenir pour valides certaines croyances sans les remettre en question, privant par là même leur décision de toute valeur contraignante pour les autres communautés ?

Or les effets d'un tel relativisme se révèlent extrêmement dommageables en matière de politique environnementale où il semble impossible de faire l'économie de principes universels. Comment une telle approche pourrait-elle être applicable lorsqu'il s'agit de résoudre des problèmes qui ne peuvent être ramenés à une échelle locale (tels que le réchauffement climatique, par exemple), que les communautés locales ont tendance à méconnaître, voire à ignorer, et qui demandent pour être résolus une vaste coopération entre les différentes communautés et, au-delà, entre les différents pays ? Peut-on, dans ce cas, abandonner à chaque communauté le soin de décider pour elle-même de ce qu'elle doit faire ou de ce qu'elle ne doit pas faire en matière de protection de l'environnement?

Le réalisme limité

La capacité du pragmatisme écologique de Norton à répondre à ce type d'objections détermine dans une large mesure sa crédibilité comme option philosophique.

Norton commence par noter que l'analogie du bateau comporte un élément de réalisme dans la mesure où les décisions prises n'échappent pas à l'épreuve de l'expérience : le fait même de maintenir le bateau à flot dépend d'évaluations réalistes des avaries et de l'utilisation de modèles réalistes quant à ce qui pourrait se passer si telle ou telle planche n'était pas remplacée. Si l'équipage ne s'occupe que de réparer les planches les plus faciles d'accès, ignorant celles qui se trouvent dans des endroits les plus biscornus, il se peut qu'une catastrophe se produise.

En outre, bien que les divers langages puissent suggérer diverses ontologies, lesquelles varieront selon les individus qui s'en servent, le langage n'est pas une affaire strictement individuelle. De la même manière que les membres de l'équipage du bateau doivent communiquer les uns avec les autres pour pouvoir décider de ce qu'il convient de faire à chaque étape, tout individu à la recherche de la vérité doit être membre d'une communauté intellectuelle. La désignation d'un groupe comme formant une communauté implique qu'une forme de langage ou de communication linguistique soit partagée, et le fait de la communication constitue en lui-même une valeur au sein d'une communauté qui a à faire face à certaines opportunités et qui est confrontée à l'adversité. Les choix linguistiques sont donc eux aussi soumis à l'épreuve de la survie. Les communautés qui échoueront à développer un langage approprié qui les aide à décrire les problèmes qu'elles rencontrent et à leur trouver des solutions, seront rapidement disqualifiées en tant que telles. De même que les membres de l'équipage auront à cœur de s'informer des décisions qui ont été prises par ceux qui sont en charge des réparations et à superviser leurs travaux, de même des communautés de plus en plus larges chercheront à faire entendre leurs voix et à enrichir les débats en matière de protection environnementale en se référant à leurs propres expériences individuelles ou collectives.

La principale leçon épistémologique qu'il convient, selon Norton, de retenir de l'analogie de Neurath, est celle du « réalisme limité », en entendant par là l'idée selon laquelle aucune connaissance du monde extérieur n'est susceptible d'être obtenue de manière *a priori*. Nos systèmes de croyances doivent être élaborés sans pouvoir se référer à des principes premiers acquis sans le soutien de l'expérience. L'analogie conduit également à la conclusion selon laquelle nos diverses formes de langage ne contiennent aucune structure commune sous-tendant l'expérience. Non seulement le contenu de ce qui est vu d'un monde linguistique à l'autre n'est pas le même, mais les structures essentielles selon lesquelles le monde est vu varient sensiblement. Les diverses formes de langage correspondent à diverses modalités de découpage – sur le plan lexical, morphologique et syntaxique – du champ de la réalité.

Pour toutes ces raisons, le réalisme doit être limité, mais il demeure une forme de réalisme parce que la méthode de sélection qu'elle retient est fondée sur la réalité, sans tenir compte de nos souhaits, de nos rêves ou de nos imaginations. Soit l'équipage du bateau de Neurath parvient à garder la tête hors de l'eau, soit il se noie. Les membres de l'équipage responsables des réparations ont des comptes à rendre quant aux décisions qui ont été prises, de même qu'au sujet des techniques qu'ils ont adoptées pour effectuer les réparations, même si l'accord qui a été trouvé est à chaque fois relatif à la communauté et dépend de ceux qui ont participé aux discussions.

Le pluralisme des valeurs et le problème de l'évaluation des théories de la valeur

L'application de ce modèle aux affaires environnementales peut à présent être envisagée. À l'heure de prendre place autour de la table de négociation où vont être évaluées diverses mesures de politique environnementale, la première exigence doit être de veiller à ce que soient bien représentées la gamme entière et la diversité des valeurs, telles qu'elles se forment au travers de l'expérience que les êtres humains font de la nature.

Cette diversité de valeurs environnementales, qui s'exprime dans une pluralité de langues disciplinaires et de terminologies distinctes les unes aux autres, doit être protégée contre toutes les tentatives de réduction et de classification qui s'effectuent au nom d'une théorie préalable de la valeur, car à partir du moment où une théorie de la valeur est adoptée plutôt qu'une autre, il est inévitable que les présupposés de la théorie fixent implicitement les contours et les limites de la façon même dont nous nous représentons les valeurs, risquant ainsi de déterminer à l'avance l'issue de la discussion. Mais par ailleurs, comme le dit Norton, « les valeurs ne sont pas de ces choses que nous trouverions déjà prêtes à l'emploi, attendant simplement d'être dénombrées [1] », ce qui signifie que les

---

1. B. Norton, « Values in Nature : A Pluralistic Approach », *op. cit.*, p. 298.

catégorisations spontanées ne sont pas non plus indépendantes d'une théorie de la valeur qui a été adoptée de façon plus ou moins consciente. Le problème est donc de savoir comment procéder pour respecter le pluralisme des valeurs sans reprendre inconsidérément à son compte un certain nombre de thèses concernant la nature des valeurs environnementales.

La stratégie de Norton, à ce stade de la réflexion, est de soumettre à examen les trois grands types de critères par lesquels on peut vouloir juger les théories de la valeur qui sont proposées en éthique environnementale. Selon lui, trois types généraux d'attente président, de façon au moins implicite, au choix de telle ou telle théorie de la valeur environnementale : des attentes métaphysiques, des attentes épistémologiques, des attentes pratiques.

Les attentes métaphysiques

Depuis qu'elle a émergé en tant que champ de recherche philosophique, l'éthique environnementale a eu nettement tendance à privilégier les considérations d'ordre métaphysique dans son travail d'élaboration et de justification de la valeur naturelle. De nombreux éthiciens de l'environnement ont fait valoir que nous ne pouvons espérer mettre un terme au traitement inacceptable auquel la nature est soumise actuellement qu'à la condition que se produise une révolution métaphysique dans la façon dont nous pensons la relation de l'homme à la nature. C'est en ce sens que l'on peut lire sous la plume de J. Baird Callicott la déclaration suivante :

> Il semble que la science du XXᵉ siècle ait rendu possible de nos jours l'émergence d'un solide consensus métaphysique, lequel pourrait bien ultimement supplanter le consensus

métaphysique diffus hérité du paradigme de la science du XVIIe siècle [1].

Ou encore, cette annonce grandiose d'une révolution en marche :

> À l'heure actuelle, il est encore impossible de savoir ce qui pourrait prendre sa place [*i.e.* celle du sujet cartésien distinct de tout objet], en cette époque de transition où nous vivons, où un paradigme le cède à l'autre – en ce point charnière où la vision du monde moderne tire sa révérence et où une autre, quoique à l'état d'ébauche, émerge petit à petit, et dont seul le développement à venir lui permettra d'avoir une identité distincte [2].

Aussi longtemps que les êtres humains continueront de se percevoir comme les rejetons choyés de la création – ceux qui, en raison de leur éminente dignité métaphysique, ont le droit de soumettre la nature et de l'exploiter –, toute chose n'ayant par rapport à eux que la valeur que leur confère l'usage qu'ils peuvent en avoir, il sera impossible de mettre en œuvre des mesures efficaces de protection de la nature. S'il est vrai que les valeurs environnementales passent toujours à travers le filtre d'une théorie spécifique de la valeur, alors c'est la vision du monde d'où procède cette théorie de la valeur qu'il convient de modifier en premier lieu.

Toutefois, fait remarquer Norton, le problème que pose cette façon de procéder est « de savoir si l'on peut, de notre

---

1. J. Baird Callicott, « The Metaphysical Implications of Ecology » (1986), repris dans *In Defense of the Land Ethic*, Albany, SUNY Press, 1989, p. 102.

2. J. Baird Callicott, « La valeur intrinsèque dans la nature : une analyse métaéthique » (1995), trad. fr. H.-S. Afeissa et C. Larrère, dans H.-S. Afeissa (éd.), *Éthique de l'environnement, op. cit.*, p. 223.

propre chef, décider de ce que "doivent" être nos conceptions métaphysiques[1] » en vue d'obtenir, par dérivation à
partir de celles-ci, une théorie appropriée de la valeur. Ne
devrait-on pas plutôt s'enquérir d'abord des valeurs que l'on
veut défendre, pour ensuite choisir la métaphysique la plus
capable de leur donner une justification ? En outre, s'il nous
faut attendre que se produise la révolution métaphysique
que Callicott (et quelques-autres) appelle de ses vœux, cela
signifie-t-il que ceux qui sont en charge aujourd'hui des politiques publiques en matière environnementale ont toute liberté
pour prendre les décisions qu'ils veulent ? Ne serait-il pas plus
sage de se référer à une thématique qui est d'ores et déjà
publiquement reconnue – telle que celle du développement
durable –, et qui offre immédiatement un terrain d'entente sur
lequel le débat entre les partenaires de discussion pourra
s'engager ?

Les attentes épistémologiques

Étant donné que l'ébauche d'une méthode justificative
semble être nécessaire à la formation d'arguments moraux,
quel que soit leur domaine d'application, on pourrait s'attendre
à ce que le choix de la plupart des théoriciens de la valeur environnementale se porte sur une théorie qui aurait les moyens de
clarifier, ou au moins de rendre concevables, les procédés par
lesquels une justification des propositions axiologiques peut
être apportée de façon probante.

Or, à en croire Norton, c'est précisément sous ce rapport
que les diverses théories d'éthique environnementale appa-

---

1. B. Norton, « Values in Nature : A Pluralistic Approach », *op. cit.*, p. 300.

raissent d'une étonnante faiblesse. Tel est notamment le cas de la distinction très largement reçue dans ce champ de recherche entre les « valeurs instrumentales » et les « valeurs intrinsèques », que Norton explique de la manière suivante :

> Conformément à cette distinction, les objets sont censés pouvoir être valorisés de deux manières : soit en relation avec les fins que poursuit un autre être – comme lorsque le ver de terre possède une valeur nutritive pour le rouge-gorge, ou lorsque l'arbre au fond de mon jardin sert à dresser un panneau de basket-ball –, soit en relation à « eux-mêmes », auquel cas l'objet ou l'être valorisé peut interrompre la chaîne de renvoi des valorisations instrumentales, dans la mesure où la satisfaction des besoins ou des désirs de l'être en question est tenue pour un bien en soi [1].

L'existence de valeurs instrumentales n'étant pas en elle-même sujette à controverse du moins, au regard des êtres humains – qui pourrait nier, en effet, que les êtres humains tirent profit et bénéfice de l'usage qu'ils font des systèmes naturels et de leurs produits, et de la manière dont ils inter-agissent avec ses processus ? –, bien des essais ressortissant à l'éthique environnementale ont focalisé leur attention sur les valeurs intrinsèques, en posant la question de savoir si les entités ou les processus naturels ont, en plus de la valeur de la valeur instrumentale qu'ils revêtent pour les êtres humains, une valeur intrinsèque, c'est-à-dire une valeur qui existe indépendamment des êtres humains et de leurs intentions ?

Norton distingue fondamentalement deux versions de la théorie de la valeur intrinsèque : une version forte (objecti-viste) et une version plus faible (subjectiviste). Selon la

---

1. B. Norton, « Values in Nature : A Pluralistic Approach », *op. cit.*, p. 302.

première, dont Holmes Rolston s'est notoirement fait l'avocat[1], l'adoption de la thèse selon laquelle la nature possède une valeur intrinsèque résulte de la découverte faite par un certain nombre d'individus qu'il existe des valeurs dans la nature, que ces dernières sont inhérentes aux entités ou aux processus naturels, et qu'elles ne sont pas attribuées par les êtres humains. Plus avant, ces valeurs sont pensées de telle manière qu'elles sont censées conférer à celui qui les possède une « considérabilité morale », et – en vertu de la contrainte morale qu'elles exercent du seul fait d'être ce qu'elles sont – elles sont censées également motiver des actions moralement obligatoires visant à protéger les entités naturelles douées d'une valeur indépendante de toute attribution par des êtres humains.

Le problème que pose cette version forte de la théorie de la valeur intrinsèque, selon Norton, est qu'elle repose sur une conception éminemment discutable de ce qu'est l'« objectivité », et qu'elle est solidaire d'un certain nombre de présupposés épistémologiques massifs qui sont difficiles à défendre philosophiquement, à commencer par celui selon lequel nous aurions un accès à ce que la réalité est en elle-même – contredisant la leçon de réalisme limité dont il a été question précédemment. Pour Norton, les partisans d'une telle théorie, interrogés sur le point de savoir d'où ils tiennent la certitude qu'il existe objectivement dans la nature des valeurs intrinsèques, ont à faire face au dilemme suivant :

> Soit ils répondent que l'évidence de ce fait leur est fournie essentiellement par les sens, mais alors comment expliquent-ils

1. Voir, entre autres, de ce dernier *Environmental Ethics. Duties to and Values in the Natural World*, Philadelphia, Temple University Press, 1988.

que d'autres ne parviennent pas à les « voir » ? Soit ils répon-
dent que l'existence de la valeur intrinsèque est connue
indépendamment de toute expérience sensorielle, mais dans
ce cas cette thèse n'implique-t-elle pas de reprendre à son
compte l'idée qu'il existe des vérités morales *a priori* évidentes
par elles-mêmes [1] ?

Quant à la théorie de la valeur intrinsèque dans sa version
faible, elle ne laisse pas elle aussi d'être problématique. Pour
le montrer, Norton soumet à examen la théorie subjectiviste
de la valeur élaborée par J. Baird Callicott. Selon ce dernier, il
n'y a pas de valeur sans un sujet qui valorise, et ceci vaut de
toutes les valeurs attribuées d'ordinaire à la nature par des
êtres humains, y compris les valeurs intrinsèques, en sorte que
l'attribution de ce dernier type de valeurs à la nature ne fait
qu'ajouter au type des valeurs instrumentales un autre type de
valeur humaine. Dans le cadre de cette théorie, les attributions
de valeur intrinsèque correspondent à une manière dont les
êtres humains valorisent les choses, et ne renvoient pas à une
caractéristique non relationnelle des objets eux-mêmes. Si, à
un moment donné, il ne se trouve aucun sujet humain pour
valoriser l'objet x intrinsèquement, alors x ne possède aucune
valeur intrinsèque à ce moment précis. Si, plus tard, il se trouve
au moins une personne pour valoriser x intrinsèquement, alors
l'objet est dit posséder à ce moment là une valeur intrinsèque.
Mais si, d'aventure, celles et ceux qui valorisent intrinsèquement à un moment donné un objet venaient à ne plus le

1. B. Norton, « Values in Nature : A Pluralistic Approach », *op. cit.*, p. 304.
On trouvera dans un article antérieur de B. Norton, « Epistemology and
Environmental Values », *The Monist*, 1992, n° 2, p. 208-226, une critique plus
développée des présupposés épistémologiques de la théorie des valeurs de
Rolston.

faire à l'avenir, alors il faut dire en toute rigueur que l'objet a, semble-t-il, perdu dans l'intervalle son statut d'entité « intrinsèquement » valorisée.

On ne saurait guère surestimer l'importance des différences théoriques entre les deux versions de la théorie de la valeur intrinsèque. Toutefois, toutes deux tombent sous le coup d'objections issues de l'épistémologie pragmatique esquissée précédemment. En effet, le problème que pose la théorie subjectiviste de la valeur est que ses partis pris épistémologiques sont tels qu'elle se rend inaccessible au débat. De l'aveu même de Callicott, le lien entre les attributions de valeur intrinsèque et les caractéristiques inhérentes aux objets valorisés doit être conçu de manière assez lâche, au nom de l'argument selon lequel « il est logiquement possible de valoriser intrinsèquement tout et n'importe quoi sous le soleil – une vieille chaussure complètement éculée, par exemple », la valorisation intrinsèque étant effectivement fonction de ce qu'un sujet humain choisit de valoriser, et non pas fonction de la présence de caractéristiques « virtuelles » au sein des objets en question [1]. Autant dire que l'argument qui consiste à se référer à des valeurs de ce genre ne peut convaincre que ceux qui sont déjà convertis à cette nouvelle métaphysique de la valeur, car, comme l'écrit Norton, « il en va ici de deux choses l'une : soit nous éprouvons le sentiment que la nature possède bel et bien une valeur intrinsèque, soit ce sentiment nous est étranger. Dans ce dernier cas, le subjectiviste n'a pas d'autre recours que de déployer des trésors de rhétorique dans l'espoir de

1. J. Baird Callicott, « The Pragmatic Power and Promises of Theoretical Environmental Ethics : Forging a New Discourse », *Environmental Values*, 2002, n° 11, p. 10.

convaincre ses partenaires de discussion de changer de politique [1] ».

Les attentes pratiques

Tout récemment, un groupe de philosophes que l'on a parfois désigné du nom de «pragmatistes environnementaux», et dont Norton est incontestablement le chef de file, ont accordé une plus grande importance aux considérations d'ordre pratique au moment d'effectuer le choix de la théorie de la valeur environnementale qu'ils entendaient défendre. Les valeurs naturelles ont alors été conçues comme étant ce qui est susceptible d'impulser une dynamique et de guider les décisions de politique environnementale dans un domaine où l'action prend appui sur un savoir spécifique. Le constat mi-aigre, mi-désabusé, des pragmatistes était alors le suivant : soit les penseurs de l'éthique environnementale cherchent véritablement à guider l'action politique en matière d'environnement en la pliant à des règles et en lui conférant une certaine rationalité, et dans ce cas là leur échec en ce domaine jusqu'à ce jour doit les inviter, en un premier temps, à s'interroger sur ce qui, dans leur façon de poser les problèmes et de les traiter, les en a empêchés, et, en un second temps, à adapter leur stratégie discursive à la réalité de la chose politique; soit les penseurs de l'éthique de l'environnement décident de poursuivre leurs querelles métaphysiques sur le statut de la valeur intrinsèque des entités du monde naturel, sur la considérabilité morale des écosystèmes et autres disputes sur le sexe des anges, et dans ce cas il faut qu'ils se demandent une bonne

---

1. B. Norton, « Values in Nature : A Pluralistic Approach », *op. cit.*

fois pour toutes si le problème de la crise écologique actuelle les préoccupe vraiment.

Le principal obstacle, de ce point de vue, est apparu sous les traits du monisme de la plupart des éthiciens de l'environnement, en entendant par là la conception selon laquelle il existe une règle, un principe ou une théorie unique qui permet de traiter tous les cas de figure susceptibles d'être rencontrés, et qu'il nous appartient en conséquence de nous référer à cette règle ou à ce principe pour déterminer quelle doit être l'unique politique environnementale «rationnelle» et «morale» à appliquer dans toutes les situations [1]. Par contraste, comme on l'a vu, le pragmatisme est davantage porté à privilégier une approche pluraliste, laquelle comprend les valeurs comme étant fondamentalement diverses et comme devant être mises en compétition les unes avec les autres en fonction des cas de figure qui se présentent.

Par voie de conséquence, les partisans du pragmatisme écologique n'ont aucune raison de vouloir prendre place dans le débat qui oppose les partisans d'une éthique anthropocentriste à ceux d'une éthique non anthropocentriste, dans la mesure où tout ce débat roule sur une théorie de la valeur qui disjoint brutalement les valeurs intrinsèques des valeurs instrumentales, sans voir le continuum qui s'étire des unes aux autres qui va des valeurs appropriatives à des valeurs altruistes et spirituelles.

De là l'idée de distinguer, comme le fait Norton au début des années 1980, entre un «anthropocentrisme fort» et un

---

1. Voir sur ce point l'article de Ch. Stone, «Le pluralism moral et le développement de l'éthique environnementale» (1988), trad. fr. H.-S. Afeissa, dans H.-S. Afeissa (éd.), *Éthique de l'environnement*, *op. cit.*, p. 285-315.

« anthropocentrisme faible » (ou élargi), le second se montrant seul capable de ne pas sous-estimer la diversité des valeurs instrumentales que les êtres humains peuvent retirer de la nature, et corollairement de ne pas homogénéiser la pluralité des intérêts ou des préférences qu'ils peuvent manifester. Une théorie sera dite *fortement anthropocentriste* si toutes les valeurs naturelles auxquelles elle reconnaît une existence se rapportent à la satisfaction de préférences senties des êtres humains. Une théorie de la valeur sera dite *faiblement anthropocentriste* si toutes les valeurs naturelles auxquelles elle reconnaît une existence se rapportent à l'influence qu'exerce telle ou telle préférence sentie sur les idéaux qui structurent la vision du monde (et sur lesquelles reposent de façon essentielle les préférences réfléchies).

La différence pratique entre ces deux types de théorie est considérable. Dans la mesure où les préférences senties des êtres humains ne sont soumises à aucun examen au sein du système de valeurs de l'anthropocentrisme fort, il n'y a aucun moyen de critiquer l'attitude de ceux qui utilisent la nature comme étant ni plus ni moins qu'une réserve de matières premières offertes à l'extraction et à l'usage en vue de fabriquer des produits satisfaisant les préférences humaines. En revanche, dans la mesure où l'anthropocentrisme faible reconnaît que les préférences senties peuvent être rationnelles ou ne pas l'être (au sens où elles peuvent être jugées n'être pas consonantes avec une vision du monde rationnelle), il fournit le cadre à l'intérieur duquel il est possible de soumettre à la critique les systèmes de valeurs qui prescrivent un rapport de pure exploitation à la nature :

> De cette manière, l'anthropocentrisme faible rend disponibles deux ressources éthiques d'une importance cruciale pour les environnementalistes. Premièrement, dans la mesure où les

éthiciens de l'environnement peuvent justifier la pertinence d'une vision du monde qui place au centre de sa perspective l'étroite relation entre l'espèce humaine et les autres espèces vivantes, ils peuvent également justifier la pertinence de ces attitudes humaines idéales qui consistent à vivre en harmonie avec la nature. De tels idéaux peuvent dès lors servir de termes de référence pour soumettre à la critique les préférences qui tendent à se rapporter à la nature sur le mode de l'exploitation.

Deuxièmement, l'anthropocentrisme faible, tel qu'il vient d'être défini, reconnaît également une valeur aux expériences humaines qui fournissent le fondement sur lequel se forment les valeurs. Autrement dit, dans la mesure où l'anthropocentrisme faible ne reconnaît pas seulement une valeur aux préférences senties, mais aussi au processus de formation des valeurs qui est impliqué dans la critique des préférences senties débouchant sur le remplacement de ces dernières par des préférences plus rationnelles, il est amené à tenir compte de la part que prennent les expériences que les êtres humains font des objets naturels et de leur attachement à des lieux préservés dans le processus de formation des valeurs. Pour autant que les environnementalistes parviennent à montrer que les valeurs se forment et sont informées du fait du contact des êtres humains avec la nature, la nature se charge de la valeur en se chargeant de la tâche d'instruire les êtres humains en matière de valeurs [1].

Cette dernière valeur est celle là même que Norton appelle dans l'article de 2005 d'où nous étions partis « valeur transformative » – soit, une valeur capable d'effectuer une transformation des préférences en accord avec un idéal plus élevé. Il est remarquable qu'il ne s'agit en l'occurrence ni d'une valeur

1. B. Norton, « Environmental Ethics and Weak Anthropocentrism » (1984), trad. fr. H.-S. Afeissa, dans H.-S. Afeissa (éd.), *Éthique de l'environnement*, *op. cit.*, p. 256-257.

instrumentale, ni d'une valeur non instrumentale (ou intrinsèque), mais précisément d'une valeur irréductible à ces deux catégories, qui se révèlent dès lors impuissantes à exprimer la gamme entière des valeurs que les hommes peuvent attribuer à la nature.

Le pluralisme expérimental

C'est l'existence de cette valeur qui permet au programme du pragmatisme écologique de se mettre en œuvre, car ce qui vaut de l'expérience de la nature vaut aussi de cette expérience singulière que les êtres humains effectuent en se réunissant pour évaluer des programmes d'action publique. Le fait de recourir à la diversité des valeurs dans le contexte d'une délibération visant à déterminer ce qu'il convient de faire pour assurer la protection des merveilles de la nature et de la vie des espèces sauvages, peut nous aider à mieux comprendre de quelle manière tels ou tels processus naturels sont associés à tel ou tel ensemble de valeurs humaines, en sorte que les désaccords sur la question de savoir quelles sont les entités qui méritent, en fonction de leur importance respective, d'être sauvegardées, peuvent constituer une sorte de laboratoire permettant d'identifier et d'étudier les valeurs naturelles.

L'approche que défend pour finir Norton correspond à une sorte de « pluralisme expérimental », qui consiste à se donner pour point de départ une position pluraliste, puis à développer, en les soumettant à discussion, des mesures de politique environnementales visant à protéger la gamme entière des valeurs naturelles telles que les citoyens les défendent eux-mêmes, et à se mettre enfin à la recherche de compromis, de solutions équitables et équilibrées là où il n'est pas possible de faire pleinement droit à toutes les valeurs.

Cette approche demande que ceux qui participent à ces processus de délibération se voient autorisés à prolonger leurs travaux dans le but d'améliorer les mesures de politique environnementale qu'ils s'efforcent de déterminer, en procédant librement à l'énumération et à la comparaison de la multiplicité et de la diversité des valeurs. Elle demande encore que les participants ne soient pas exposés à se voir interrompre à tout moment par ceux qui se targuent de leurs options idéologiques étrangères à toute expérience du genre de celle que Bryan Norton a décrite, et exigent qui plus est que toutes les valeurs soient énoncées exclusivement dans les termes d'une théorie unique. Alors et alors seulement, les discussions de politiques environnementales pourront se fixer l'un des deux objectifs suivants : soit l'obtention d'un accord gagnant-gagnant permettant d'assurer la protection de toutes les valeurs naturelles, soit la recherche d'un compromis acceptable par voie de négociations – cette dernière solution s'imposant lorsque aucun accord n'a été trouvé, en dépit des efforts louables des parties prenantes du dialogue en vue d'intégrer de façon harmonieuse toutes les valeurs.

TABLE DES MATIÈRES

Imprimerie de la Manutention à Mayenne (France) – Juillet 2009 – N° 177-09
Dépôt légal : 3ᵉ trimestre 2009

DANS LA MÊME COLLECTION